In medio consistit Virtus.
Sic itur ad Astra.

LA LAÏS

PHILOSOPHE,

OU

MEMOIRES

DE MADAME D***,

ET SES DISCOURS

A Mr. DE VOLTAIRE

SUR SON IMPIETÉ,

Sa mauvaise conduite, & sa Folie.

NOUVELLE EDITION

CONSIDERABLEMENT AUGMENTÉE.

Selon l'original imprimé

A BOUILLON 1761.

Chez PIERRE LIMIER,

Imprimeur & Libraire.

LA LAÏS

PHILOSOPHE.

L'Histoire de ma vie fera plaisir aux gens de Lettres ; d'autres Lecteurs feront étonnés de voir une Courtifanne vouloir convertir des Déiftes. Qu'on ne me faffe pas un crime de mes démarches ; le tempérament fait les mœurs, auffi bien que l'efprit & le caractère. Née avec une extrême vivacité, je n'ai cherché que le plaifir Epicurien, que nos Beaux efprits ne prendront pas pour la volupté groffière ; ils demandent qu'on uniffe les attraits de l'efprit à ceux des fens :

L'efprit a fes plaifirs, de même que le corps :
L'excès produit en tout de dangereux remords ;
Mais l'homme pénétrant, comme la fage abeille,
S'amufe après l'odeur de la rofe vermeille.

La Provence eft ma patrie. Mes parens me donnerent dans mon enfance l'éducation la plus fage ; mais l'influence d'un Climat

A 3

ardent

ardent altéra bientôt mes vertus naissantes.
Je fus mise dans un Couvent : j'y entrai avec
dégoût; j'en sortis par humeur.   L'amour,
ce tendre mais dangereux enfant, ne m'avoit
point encore percé de ses traits. Hélas ! pourquoi faut-il que chaque mortel vive tôt ou
tard sous un empire aussi doux, mais en même tems aussi rigoureux ?   Mon cœur, au
milieu de la paix & de la tranquilité, cou-
loit des jours heureux; tems précieux &
charmant, que je regrette encore, malgré
toutes les délices qui forment notre bonheur imaginaire.   Revenue chez mes parens,
je sentis mon cœur soupirer à la vûe d'un
jeune homme aimable, tendre & insinuant :
j'ignorois à la vérité le pouvoir de l'amour ;
mais bientôt la Nature dévoila en moi des
sentimens délicieux, dont je ne connoissois
pas le principe.   Je formai en secret le dessein
de m'approcher de lui, & d'avoir ensemble
une liaison de bienséance. Je ne consultois
en cela que le plaisir de le voir & de l'entendre; je trouvois dans ses yeux une douceur charmante qui ravissoit toutes les facultés de mon ame. Enfin le moment arriva,
où nos cœurs s'unirent de concert. Je
l'aimai, il m'aima; moment fatal qui fut
la cause de tous les chagrins de ma vie. Il
me demanda en mariage; mon pere le refusa.

fuſa. Je conſens à un enlevement; il m'abandonne à Paris dans un Hôtel garni, où
logeoit un Auteur, auſſi aimable par les qualités de l'eſprit que par celles du cœur.
C'eſt-là où le ſort voulut que je fuſſe en ſociété avec preſque tous les Beaux - eſprits de la
France; ſort heureux, ſi les vices du cœur
ne corrompoient ſouvent les bonnes qualités
de l'eſprit. Ma maiſon étoit l'affiche du
génie; les conſervations amuſantes, les gen-
tilleſſes de l'eſprit, la fineſſe des ſatyres, la
critique des Ouvrages nouveaux, les ſaillies
de l'eſprit, la Philoſophie, la Morale, tout
étoit du reſſort de notre ſociété.   Comme je
liſois beaucoup, & que j'avois l'eſprit extré-
mement vif & plein de feu, je fus bientôt en
état de tenir tête à ces Meſſieurs, & de leur
faire voir que leurs Ouvrages ne tendoient
pas toujours à ce vrai, ſi recherché & ſi
ignoré. Je deſirai depuis quelque tems d'avoir
une converſation particulière avec le célebre
Mr. de *Voltaire*, & quelques jours après j'eus
une occaſion favorable de me lier avec lui
d'amitié.   Jamais je ne l'aurois cru un Philoſophe amoureux.   Je m'étois perſuadée que
cette eſpèce de miſantropes étoit une nation
farouche que rien ne pouvoit apprivoiſer; je
fus bien détrompée, lorſque je vis un homme filer à merveille la parfaite galanterie.

A 4

Madame

Madame, me dit-il, au premier abord, ſi
les charmes de la beauté repréſentent ſi
bien ceux de la Divinité, me ſeroit-il permis de venir rendre hommage au plus parfait de ſes tableaux? Non, Monſieur , lui
dis-je ; ſi vous regardez la beauté comme
l'image de la Divinité, vous ne trouverez
point ici d'autel qui mérite vos ſacrifices :
les attraits de l'eſprit ſurpaſſent ceux des
ſens, & ſi j'avois à rendre quelque hommage, ce ſeroit uniquement au vôtre.
Nous eûmes enſemble un entretien aſſez long,
& après nous être donné de mutuelles aſſû-
rance d'amitié, je le priai d'entrer dans un
plus grand détail ſur les profondes matières
de la Morale & de la Philoſophie. J'étois fort
curieuſe de ces matières, & quoique le tempérament ſoit ſouvent en nous au-deſſus de la
Religion, je voulois au moins avoir le plaiſir
de confondre, ſelon mes forces, l'orgueil de
la Philoſophie à la mode.

Votre *Henriade*, lui dis-je, Monſieur, eſt
remplie de ces penſées ſublimes, de ces tours
fins & délicats, de ces ſaillies brillantes qui
caractériſent ſi bien le vrai Poëte; mais où
avez-vous puiſé ces maximes dangereuſes qui
ſont ſi ſouvent ſemées dans vos Ouvrages?
L'Etre ſuprême, dites vous, eſt dans la
dernière indifférence pour ſes créatures: le
plus

plus petit animal & l'homme, selon vous,
ont un même sort; il n'est aucun châtiment réservé au crime, ou s'il en est, il
n'est que passager. On peut, selon vous,
plutôt démontrer la mortalité de l'ame que
son immortalité; elle n'est formée que d'atômes ignés. En vérité je ne crois pas que
la vraie Philosophie puisse admettre des systêmes si contraires à la raison. N'est-il
pas, lui dis-je, contraire au bon sens, que le
souverain Môteur nous ait créés pour nous
livrer à nous-mêmes dès l'instant de la Création? Voiez-vous un pere de famille, ou
une mere tendre abandonner leurs enfans
d'abord qu'ils sont nés. L'Univers même, selon
vous, ne rentreroit-il pas dans le néant, si
le Créateur cessoit un moment d'en maintenir l'équilibre? Or croiez-vous que Dieu
ne fasse pas pour son Chef-d'œuvre ce
qu'il fait pour le moindre de ses êtres? Seroit-
il moins plein de bonté pour nous que pour
le dernier des atômes? Croiez-moi, Monsieur, une Intelligence suprême ne fait rien
sans dessein; & s'il étoit vrai que les démarches de l'homme, ou les loix du mouvement ne fussent que l'effet du concours for-
tuit des atômes ou des causes secondes, vous
ôteriez à la Divinité le plus grand de ses
attributs, je dis, l'intelligence & la bonté.

A 5

Vos

Vos raiſons, me dit-il, Madame, pourroient ſans doute convaincre ces génies qui
n'ôſent franchir les limites de la raiſon;
mais nous autres Philoſophes, qui entrons
ſans aucune crainte dans les profonds abîmes
de la Philoſophie, nous appercevons ce que
d'autres ne ſauroient voir. Parcourez, Madame, l'immenſité des eſpaces, ces Globes
infinis dont les orbes immenſes confondent
l'imagination la plus vaſte; croiez - vous
qu'un Etre, auſſi grand, daigne faire attention à des créatures qu'il n'a formées que
pour ſon plaiſir? L'aigle aux ailes rapides
daigne-t il conſidérer le foible vol du coli-
bri? Voiez-vous un puiſſant Monarque
de la terre s'inquiéter du ſort du dernier
de ſes ſujets?

» Cet Etre tout - puiſſant, que l'Univers adore,
» Peut ſans doute accorder à celui qui l'implore,
» Ses plus rares faveurs, ſes dons les plus heureux:
» Mais peut-on exiger que pour un malheureux
» Cet Arbitre des cieux, le Maître du tonnerre,
» Abandonne l'Olympe & vole ſur la terre?

» Dieu a établi des Loix primitives qui
» ſont invariables. Le bien & le mal dans
» le monde phyſique concourent à la per-
» fection de l'Univers, de même que les
» ombres ne ſervent qu'à relever les beautés
» d'un tableau; & pourquoi faire un crime
» à la Divinité, de ſon indifférence ſur le
» ſort

„ fort de fes créatures? Il n'a établi des loix
„ fecondaires que pour ne pas obfcurcir l'éclat
„ de fa gloire, en s'abaiffant jufqu'à diri-
„ ger de vils atômes".

En vérité, Monfieur, vous m'étonnez, lui répondis-je : font-ce donc là ces préten-dus raifonnemens fi fublimes de votre Philo-fophie? J'aurois cru que des génies, qui fe difent fi vaftes & fi profonds, ne feroient pas couverts d'une gaze auffi fuperficielle. Eh quoi! des fophifmes, auffi fpécieux, font donc l'unique fondement de vos fyftêmes impies? C'eft donc par de telles chimères que vous féduifez tant d'efprits foibles? L'é-clair, qui brille quelques inftans, peut les éblouïr; mais la raifon reprend tôt ou tard fon empire. Par quelle témérité ôfez-vous dire encore que le plus petit animal & l'homme font un même compofé, & qu'ils ont une égale deftinée? Eft il poffible que l'homme, cet être fi noble, fi él.vé, fi prévenu fur les lumières de fon efprit, puiffe fe dégrader jufqu'à la condition de la brute? Voudriez-vous de bonne-foi qu'un ennemi vous traitât uinfi? de quel œil re-garderiez-vous celui qui voudroit vous dé-corer des oreilles d'un Midas? ne venge-riez-vous pas auffitôt une injure auffi vive? Que le caprice de l'homme eft affreux! Il

rougit

rougit de sa véritable gloire, & se glorifie de son infamie. Souvenez-vous, Monsieur, de cette fable impie, où vous ne rougissez pas de mettre l'homme au niveau de la brute : „ La souris, dites-vous, peut se vanter que „ Dieu a aussi bien crée pour elle ces vastes „ montagnes de lard, que les astres & les „ beautés de la terre pour l'homme; le ca- „ nard nazillant dit en lui-même, *Oui, c'est* „ *pour moi que le souverain Auteur a créé la sphé-* „ *re immense des airs, la vaste étendue des lacs* „ *& des étangs*". Pareils & autres écarts de votre imagination déréglée nous prêchent „ que la brute peut même regarder l'hom- „ me au dessous d'elle & que les attributs „ des bêtes sont préférables aux qualités de „ l'homme".

Ah! Monsieur, comment un génie d'un ordre aussi supérieur (car c'est ainsi qu'on vous regarde dans le Monde), comment, dis-je, peut il s'abaisser jusqu'à des imaginations aussi pitoiables? La raison ne vous dit-elle pas, Monsieur, que l'homme est le Chef-d'œuvre de la Divinité; qu'il n'a été créé que pour adorer & glorifier son Créateur; que si l'homme & la bête n'avoient qu'un même sort, l'Etre suprême seroit injuste, & nous auroit trompés; car, Monsieur, considérons un instant l'origine de

l'homl'homme. Quel a été le motif qui a engagé l'Etre souverain à le créer? Environné de toute éternité des splendeurs de sa gloire, heureux du bonheur de lui même, avoit-il besoin de créer tant de Mondes divers pour y manifester sa puissance? Mais dans l'ordre de ses décrets éternels il voulut, par pure bonté, rendre son bonheur communicatif, c'est-à-dire former des êtres qui participassent à sa félicité: or, le bienfait de cette participation exigeoit un tribut de gloire & de louange; la libéralité demande la reconnoissance, & la reconnoissance est le principe commun de nouveaux bienfaits. Dieu tira donc l'homme du néant, & la fin, qu'il se proposa, fut sa propre gloire & le bonheur de ses créatures. Des là un être, capable d'offrir ses louanges & ses adorations, devoit en quelque sorte participer à l'essence divine, & devenir la propre image de la Divinité. Tel en effet est l'homme; il tient à Dieu par l'intelligence de l'ame qui lui est propre; par la distinction innée du crime & de la vertu; par le desir du parfait bonheur; par ses desirs sublimes & élevés, qui le mettent au-dessus de tous les êtres; par ce pouvoir de commandement qui lui donne une supériorité parfaite sur les êtres subalternes; enfin

enfin par tant d'heureux talens, qui l'approchent autant des Esprits divins, qu'il est eloigné de la grossiéreté des bêtes. Mais vous, Monsieur de Voltaire, vous que le goût de l'impiété, vous que le desir de l'indépendance rend si semblable à l'Ange rebelle, vous qui prétendez être une petite Divinité sur la terre, vous qui ne reconnoissez d'autres Loix que celles qu'inspirent les passions, répondez-moi de bonne-foi: le cœur, l'esprit & la raisonne vous disent-ils pas, que vos principes impies sont contraires non seulement à l'idée intime que tout homme a de sa nature, à notre sainte & respectable Religion; mais encore à toutes les Religions du Monde, quoique susceptibles d'un caractère de fausseté? Vous ne niez pas, il est vrai, l'existence de la Divinité; vous n'admettez pas le polithéïsme (cette erreur n'est plus de saison), vous vous glorifiez simplement d'être Théïste, mais quel Théïsme? O Dieu! peut-on se former une idée plus horrible de la Divinité? Vous ne voulez pas qu'elle ait distingué l'homme de la brute. Vous prétendez que l'égalité & la conformité des organes emportent avec elles l'anéantissement: mais si l'homme avoit été destiné, comme la brute, à la fatalité du néant, pourquoi remarquons-nous en nous-mêmes

mes cette élevation de fentimens, cette noble faculté de penfer, cet invincible defir du bonheur? Pourquoi la brute n'adore-t-elle pas comme nous? Pourquoi un inftinct, toujours uniforme, lui fait-il faire les mêmes actions? Les connoiffances de la bête font-elles auffi étendues que celles de l'homme? La voiez-vous lever les yeux vers le ciel, jetter des regards fuppliants vers le Trone de l'Eternel, l'adorer avec le plus profond refpect, & lui rendre fes plus tendres hommages? La voiez-vous former de faintes Sociétés pour n'offrir enfemble qu'un cœur, qu'une ame & qu'un même acte d'adoration? La voiez-vous auffi induftrieufe que l'homme, voler d'un Pole à l'autre pour fe donner des fecours mutuels, parcourir le Globe immenfe de la Terre pour aller porter à des peuples nouveaux les richeffes de l'Art, de la Religion & de la Nature? La voiez-vous former des correfpondances de génie, de commerce, d'induftrie, d'inftruction & de fentiment? Jettez, Monfieur, un regard fur ces vaftes palais, fur ces monumens fuperbes, fruits heureux du génie, & fur ces chefs-d'œuvre de l'Art, qu'un peuple, juftement jaloux de fa liberté, femble avoir créés pour impofer des bornes à l'impétuofité des mers; trouverez-vous cet efprit vafte & étendu dans

la

la groſſière ſimplicité des bêtes ? O erreur ! ô aveuglement ! Juſqu'où les plus grands génies mêmes ne s'égarent-ils pas, quand ils ne veulent ſuivre que les foibles lueurs de la raiſon ?

La Foi, Monſieur, ce guide ſage & éclairé, eſt lé ſeul flambeau qui puiſſe nous diriger dans la nuit de ce Monde ; auſſi n'eſt-ce pas en vain que nos Livres ſaints nous diſent avec tant de vérité, que l'eſprit de l'homme eſt trop borné pour pénétrer l'infini ; que perſonne n'a jamais pû creuſer dans les profonds abîmes de la Divinité, & qu'il faut de toute néceſſité conſulter ſon cœur & ſa Religion pour ſaiſir les vrais principes. Ne riez vous pas maintenant de ces Philoſophes anciens, qui, ſous un grand étalage de raiſonnemens, n'enfantoient que des ſyſtémes ridicules ? De quel prix ſont à vos yeux Pythagore & ſa Métempſicoſe ? Platon & Socrate, au milieu de quelques vérités, n'ont-ils pas été couverts des plus épaiſſes ténèbres ? Ariſtite, Zénon, Démocrate, Diogene & Théocrite ne vous paroiſſent-ils pas des héros d'un Roman comique ? Leurs noms ne ſont devenus fameux que par leurs erreurs ; mais ignorez-vous, que Monſieur de Voltaire n'aura dans peu que l'affreuſe réputation d'un Au-

teur

seur privé de tout sentiment de Religion; d'un Auteur qui, prétendant être l'oracle de la terre, sera devenu la fable des gens sensés; d'un Auteur, qui, pouvant consacrer ses talens pour la gloire de la Religion, n'aura produit que des monstres d'impiété, dignes de l'anathême du Ciel & de la terre; d'un Auteur enfin qui, pouvant être l'oracle de son siécle, en sera devenu l'oprobre & l'horreur? Convenez, Monsieur, que notre Sexe, pour ne pas se glorifier de tant de force d'esprit, a souvent des vûes plus éclairées, un jugement plus impartial & plus sain que vous autres Messieurs les Philosophes, qui, pour vous donner un certain renom de vanité, vous attirez un persifflage éternel.

Madame, me dit Monsieur de Voltaire, je ne puis qu'applaudir à vos raisonnemens; ils sont solides & convainquans. La beauté est toujours persuasive, & je vous avoüe que des argumens aussi puissans, joints à cette candeur & à cette franchise aimable qui vous caractérisent, seroint seuls capables de me convaincre: mais représentez-vous que l'intérêt de la Philosophie exige de nous que nous fassions une Classe distinguée du commun des mortels. Comment notre gloire pourroit-elle soutenir une rétraction

B   authen-

authentique ? Que diroit-on de nous dans le Monde, fi, après un grand étalage de génie, nous étions réduits au niveau du refte des hommes ? L'aigle aime à prendre un eſſor rapide, & croiroit s'avilir de ne pas planer au-deſſus de la moïenne région des airs. Quoi donc ! Monſieur, lui dis je alors, ce n'eſt donc qu'un pur reſpect humain qui vous fait gemir dans l'erreur ? Vous connoiſſez la vérité ; malgré vous, vous en êtes perſuadé, & vous portez la témérité juſqu'à vous refuſer à ſes lumières ? Ne faites-vous pas profeſſion de la ſuivre, ne la prônez-vous pas par-tout comme le centre où tendent tous vos travaux, ne vous vantez-vous pas de ne chercher qu'elle ſeule dans tous vos Ouvrages ? l'impoſture eſt donc votre caractère diſtinctif ? Mais l'honnête homme, qualité dont vous vous vantez ſi fort, ne rougiroit-il pas de cet eſprit de duplicité ? Voilà où conduit l'erreur de l'eſprit. Vous avancez les paradoxes les plus étonnans, & vous craignez de les rétracter ; mais le vrai, le ſolide eſprit ne devroit il pas au contraire ſe glorifier dans la vérité ? Ne ſeriez-vous pas plus eſtimé de tous les honnêtes gens, ſi vous vous rapprochiez avec ſincérité des vérités ſalutaires que la Foi, la Raiſon & la Révelation dictent à

tous

tous les hommes? N'avez-vous pas à vous
reprocher à vons-même les horribles ravages
que vous avez faits dans la Société? Quelle affreuse corru tion n'avez vouspas répandue dans tant
d'esprits? Impie vous même, vous avez infecté l'Univers d'une peste mortelle, qui
entraînera peut être presque tout le monde
Chrétien dans l'abime où le libertinage de
v tre esprit vous a plongé vous même.
Eh! quel compte n'aurez-vous pas un jour
à rendre à cette Divini é vengeresse, devant
qui votre orgueil sera un jour brisé, au
terrible Tribunal de sa justice? Que vous
en est-il revenu d'avoir dégradé l'homme,
& de l'avoir mis au niveau de la brute?
Malheureux! qu'avez-vous fait? Voiez ces
gouffres immenses où vous avez plongé
tant d'ames, qui réclameront un jour contre vous. Vous ne voulez qu'être un
atôme; eh! qu'est donc devenu cet orgueil
philosophique, qui vous érige en censeur de
la Divinité? N'appercevez-vous pas la distance infinie du néant à l'être? Vous voulez
rentrer dans le néant: ouï, votre réputation y rentrera. On ne se souviendra de
vous que comme on se ressouvient de ces
monstres horribles qui ont ravagé la terre,
& qui ont allumé dans l'Univers le flambeau de la discorde. Considérons un instant,

si les seules Loix de la Société peuvent s'accorder avec un système si affreux; nous examinerons ensuite s'il peut convenir avec celles de la Religion.

Vous ne l'ignorez pas, Monsieur, & le seul orgueil vous précipite dans le plus fatal aveuglement. Les sociétés ne doivent uniquement leur origine qu'au desir de procurer aux humains la paix, l'innocence, le bonheur & la tranquillité. Solon n'établit dans Athenes des Loix si sages, que pour faire un peuple d'heureux. Lycurgue dans Lacedemone ne fit des Loix si rigides, que pour conserver l'austère tempérance, mere de la justice & de la frugalité; les peuples les plus policés n'ont dû leur félicité qu'à la sagesse des Législateurs. C'est de la sagesse des Loix que dépend la sagesse des peuples; mais; mais vous, Monsieur, Législateur nouveau, je voudrois vous demander, si les Nations pourroient se flatter d'un tel bonheur sous votre empire; si l'on verroit l'agneau paisible se reposer tranquillement auprès du lion en fureur. Si le néant est le partage de l'homme, comme celui de la brute, ne seroit on pas insensé de se contraindre? pourquoi respecteroit-on les droits sacrés de la Nature, puisqu'on doit disparoître dans un instant comme l'éclair

qui

qui vole de l'Orient à l'Occident ? pourquoi mettroit-on un frein à ses passions ? qu'on porte la consternation, le ravage & la mort dans le sein de ses concitoiens; que le plus foible devienne la victime & la proye du plus fort; que le Prince en courroux extermine un peuple fidèle & sage; qu'on fasse rentrer dans le gouffre de son luxe la substance du pauvre & de l'orphelin; qu'il écrasa tant de malheureux comme de vils insectes, faits pour rentrer dans le néant; qu'il s'érige sur le Trône même de la Divinité; qu'il profere l'anathême contre le Ciel & la terre; qu'il se livre au débordement de toutes les passions; qu'un ennemi en fureur aille, le fer en main, porter le poison de la mort jusque dans le sein de son frere; que le pere barbare écrase l'enfant sous la pierre; qu'une épouse infidèle porte la honte & le deshonneur dans une famille où regnent la décence & la probité; que le frere deshonore son propre sang; que le voisin s'empare des biens de son voisin; que les Magistrats n'écoutent ni les Loix de la Religion, ni celles de la justice; que les peuples divers, étincellant de rage & de fureur, s'exterminent mutuellement par des guerres sanglantes; enfin que le viol, l'adultère, le blasphême & l'impiété arborent leurs

B 3

éten-

étendards par toute la terre. Tel fera, Monfieur, le bel & florissant empire que vous érigerez.

O! l'aimable Société, digne fans doute des Loix philosophiques de Mr de Voltaire! O ciel! ô terre! & vous, heureux mortels, dans qui les fentimens de la Religion font encore profundément gravés, fuïez, fuïez des pieges auſſi funeftes. Le Prince de l'abîme fe fert de ces organes impurs pour proferer le blaſphême, & ôter à la Divinité les droits facrés de la juftice & de la miféricorde, Ouï, Monfieur, j'ô-fe vous le dire : l'Enfer a vomi par votre bauche une doctrine auſſi impie? & fi vous voulez en convenir, votre cœur vous reproche à chaque inftant de fegaremens auſſi affreux. Des maximes auſſi criminelles ne font-elles pas encore contraires au bonheur de l'homme, à fa deftinée, à la bonté de Dieu & à fa juftice? Le vrai bonheur confifte ici bas dans une humble dépendance de fon Créateur, dans la paix & la tranquilité d'une bonne confcience, dans l'adoration intérieure & extérieure que la créature doit à fon Créateur, dans une fage fubordination aux Loix de la Providence; mais fi l'anéantiffement eft le partage de l'homme, ne pourra-t-il pas impunément fe joüer, & des hommes & de la Divinité? ne pourra-t-il

pas

pas porter l'étendard de la rèbellion jusque
dans l'empire de Dieu même? S'il n'eſt
point en ce Monde de véritable félicité, ne
ſera t il pas dans l'éternelle incertitude d'y
parvenir? la rage & le déſeſpoir ne s'empa-
reront-ils bas bientôt de ſon cœur? livré à
lui-même & à l'impétuoſité de ſes penchans,
ne deviendra-t- il pas un monſtre de fureur
& d'impiété? Qui pourra contraindre ſes
deſies effrénes; qui pourra lui procurer cette
pliſibl: tranquillité, principe unique de notre
féicité? qui pourra le rapeller aux Loix
primitives de la ſageſſe & de l'équité? ſera - ce le deſirinné de la vertu? Mais pourquoi vivro t il ſous l'auſtérité de ſes Loix,
ſi tout doit périr avec lui; pourquoi ſera-t-il
touché de ſes attraits, puiſque le néant eſt
le ſeul eſpoir qu'il peut attendre? pourquoi
chercher it-il un bonheur dont il ne pourra
jamais ſe fletter? Au lieu de ſuivre les ſen-
timents de la Nature, n'en etouffera-t-il pas
juſqu'aux plus ſimples mouvemens? ne regar-
dera-t-il pas ſon être comme une jeune fleur,
qu'un même inſtant voit éclore & dépérir
ne ſoupirera-t-il pas lui-même aprés l'affreux
néant? Au milieu des miſeres de la vie, ne
portera-t-il pas dans ſon impatience un glai-
ve meurtrier juſque dans ſon propre ſein? Son
cœur aura beau lui dire que ſa deſtinée eſt

B 4

plus

plus noble qu'il ne pense; que le Créateur ne l'a mis en ce Monde que pour mériter par les vertus une eternelle féllicité dans l'autre; que puisque tous les êtres, qui sont dans la Nature, ne retombent point dans l'anéantissement, il n'y retombera pas lui-même; qu'il n'est pas de la sagesse du Créateur d'avoir gravé dans notre cœur le desir invincible du bonheur, s'il est un être chimérique; que sa possibilité & sa réalité dépendent absolument de celle de Dieu, & que puisqu'il est la source du bonheur, il est certain qu'il en fera d'heureux écoulemens sur les chers objets de ses complaisances: toutes ces graudes vérités lui seront insensibles. Il croira que le néant est son partage, & dans cette fatale croïance il vivra comme l'Impie, mourra comme la brute, sans sentiment, sans repentir, allant éprouver dans le séjour des justices éternelles des tourmens qui ne finiront jamais.

D'ailleurs vous, Monsieur, qui vantez tant dans vos Ouvrages la sagesse & la bonté de Dieu, où les trouveriez vous, si l'homme & la brute n'ont aucun caractére distinctif? Quoi! cette Divinité bienfaisante, qui a répandu dans la Nature tant de charmes si variés; cette Divinité, qui se joüoit, pour ainsi dire, dans la Création, de tant de

Glo-

Globes, divers qui roulent au deſſus de notre ſphére ; cette Divinité, Motrice ſuprême de tout ce qui reſpire dans le ciel, ſur la terre & dans l'immenſité des eſpaces ; cette Divinité, dis-je, auroit créé tant d'aſtres brillans pour nous éclairer, tant de phénoménes & de merveilles pour un vil atòme qui doit bientôt ſe perdre dans le néant d'où il a été tiré ? Qui pourroit croire que le génie ſublime d'un Mr. de Voltaire put ramper auſſi bas que l'inſecte & le vermiſſeau ? Ouï, ſans doute, vous êtes bien au-deſſous de ces petits êtres, qui ſe conduiſent par un inſtinct qui ne varie jamais ; mais vous, loin de ſuivre les pures lumières de la raiſon, vous vous livrez à cette préſomption de cœur, qui ſe croit arbitre ſuprême de toute vérité. Vous n'écoutez que la voix du libertinage ; convenez-en de bonne foi, puiſque vous pouvez avec moi devoiler ſans crainte tous les reſſorts de votre cœur.

Le premier mouvement, que vous éprouvâtes, vous inſpira-til ces ſentimens affreux d'impiété ? La Nature ne vous avertiſſoit-elle pas déjà de la nobleſſe de votre être ? La Religion ne vous paroiſſoit elle pas encore ſainte & reſpectable ? Cherchâtes-vous alors à en ſecoüer le joug ? Votre eſprit, que la volupté n'avoit point encore

 obſcur-

obscurci, ne joüissoit il pas encore d'un rayon vif & lumineux qui vous guidoit vers la
sagesse ? Aviez-vous déja enfanté ces systêmes horribles qui mettent l'homme au-de-
sous de bête, qui préférent sa felicité à la nôtre,
& qui voudroient qu'un même sort, qu'un
même destin nous unît ? Avoüez que votre
cœur, séduit par les attraits du-crime, vous
a conduit d'abîme en abîme. D'abord vous
vous êtes livré à ces penchans horribles qui
font frémir la Religion & la Nature ; d'une
main profane vous avez corrompu le Sanctuaire
de la Divinité. La volupté, aux yeux doux
& flatteurs, vous offrit tous ses charmes ;
vous n'apperçûtes pas le serpent caché sous
les fleurs, vous le caressâtes, & bientôt distil-
lant son venin sur toutes les facultés de votre
ame, la mort & la contagion s'emparerent
de votre esprit & de vos sens. Ouï, je le
dis, Monsieur, la volupté seule a déprauvé
votre cœur. Le remords suivit de prés votre
crime. Pour l'étouffer, vous cherchâtes
quelques adoucissemens. La justice de Dieu
s'offrit à vos yeux sous les traits du problême ; vous ne pouviez croire qu'un Etre infini dans ses bontés pût châtier infiniment
dans sa justice ; & dans cette incertitude vous
formâtes le dessein de calmer vos remords,
en vous livrant à tous les phantômes de
l'ima-

l'imagination.   Le defir de l'impunité vous rendit impie, & pour vous ôter à vous-même l'idée d'une éternelle vengeance, vous avez fait Dieu trop - grand pour les hommes & les hommes trop petits pour la Divinité Voilà donc la fin où tendent tant de maximes infenfées.   Vous voudriez fouftraire à la punition du crime, vous en adouciffeu les horreurs, vous exaltez la bonté de Dieu pour pouvoir détruire les droits de fa juftice; & craignant les terribles effets de celle ci, vous n'afpirez qu'aux douceurs de l'autre : mais malgré vous, la juftice fubfiftera; elle vous pourfuivra jufque dans le fond de votre cœur.   Vous y lirez en caractéres ineffaçables ces terribles vérites que vous redoutez vous ne les effacerez jamais, & la mort, dévoilant à vos yeux le féjour de la vérité, vous la connoîtrez malheureufement trop tard.

Examinons maintenant fi jamais aucune Religion établit une égalité parfaite entre l'homme & la brute.   Vous êtes fans doute fouvent remonté vers l'antiquité des fiécles; vous avez vû les premiers hommes offrir à la Divinité des facrifices en figne de reconnoiffance & de fidélité.   Abel lui offroit les prémic.s de fes fruits, Enoch commença à lui érig.r un Autel, Abraham lui témoigna fa fidélité par des adorations continuelles.

&

& par l'humilité de fa foi, Moïfe, le premier & le plus ancien des Législateurs, do na des Loix fages, qui firent connoître à l'homme fa depen ance de Dieu & l'hommage qu'il lui devoit; mais s'ils avoient été perfua- dés de leur parfaite conformité avec les êtres irraifonnables, n'auroient-ils pas agi comme eux? fe feroient-ils donné tant de mouvemens, auroie t ils fait paroître tant de zèle pour le fervice du Seigneur, fi l'ané- antiffement eût été leur dogme favori? Les Païens, tout corrompus qu'ils étoient, ont- ils jamais douté un inftant de la fupériorité de leur être? auroient-ils admis l'Elifée & le Tartare, s'ils n'avoient reconnu une au- tre vie, où le crime feroit puni, & la vertu recompenfée? Que diroient ces grands hommes de l'Antiquité, malgré leur igno- rance & leur aveuglement, s'ils voioient un prétendu beau génie, l'oracle prétendu de la Philofophie, fe comparer aux vils ani- maux, envier leur fort & leur deftinée? Ne vous regarderoient-ils pas comme l'opprobre du genre humain & comme un efprit per- vers, à qui le crime fait defirer l'anéantiffe- ment & l'impunité? Parcourez toutes les Religions des peuples policés & civilifés, y trouverez-vous de telles maximes? Le Chi- nois & l'Indien fe font-ils jamais comparés à

l'élel'élephant? Les Assyriens, les Persans, les Romains & les Turcomans n'ont-ils pas puisé l'idée primitive de leur supériorité dans les seules lumières naturelles? Toutes les Nations, même sauvages, se sont elles avilies jusqu'à un tel point? Les peuples les plus barbares auront donc connu la noblesse de leur être, & Mr. de Voltaire, ce génie si transcendant, voudra s'abaisser jusqu'à la condition de l'insecte & du vermisseau! A l'aspect de tant de paradoxes étonnans, ne devez-vous pas être couvert de honte & de confusion? Votre front ne d it il pas rougir de dégrader ainsi l'humanité? Défaites-vous un moment des préjugés & de cet orgueil philosophique qui vous égare: entrons un moment dans le Sanctuaire de la Religion; remontons aux vrais principes, & pourvû que l'endurcissement du cœur ne soit point à son dernier période, vous serez convaincu de votre erreur, & la lumière de la vérité luira peut-être à vos yeux.

Qu'avez-vous appris dans le culte Chrétien? N'y avez vous pas vû que l'homme est fait pour Dieu seul; qu'il doit tendre à une félicité plus parfaite que celle de ce Monde; que l'Etre souverain seroit i juste, s'il nous avoit condamnés à toutes les misères de cette vie, sans promettre à la vertu une parfaite

felifélicité dans l'autre; que le defir du bonheur préfent eft un figne certain du bonheur à venir; que fi la vertu avoit le même fort que le vice, il n'y auroit plus de juftice & de vérité? Eft-il rien de plus conforme à la raifon qu'une doctrine auffi fage? N'y appercevez - vous pas tous les caractères de la Divinité? votre cœur n'y adhéret-il pas malgré lui même? Ouï, fans doute; & malgré toute votre Philofophie, vous êtes fouvent contraint de jetter quelques regards falutaires fur des objets fi effrayans pour vous. Un cœur pur les embrafferoit avec joie; mais l'innocence perdue conduit à l'aveuglement, & l'aveuglement eft le châtiment le plus terrible de l'Impie.

Après que j'eus ainfi parlé, Mr. de Voltaire me regarda d'un grand fang froid. Il prit tout-à-coup la parole, & me dit: Madame, je vois bien que les efprits, que nous regardons comme les plus foibles, font fouvent ceux qui confondent les génies les plus fupérieurs: l'aftre de Vénus, quoique moins brillant par fon éloignement, a des rayons auffi perçans que les feux du foleil. Tant de vérités ne m'ont point échappé, mais le défefpoir de trouver grace auprès de la Divinité, après tous mes vices énormes, m'engage à fermer les yeux à la lumière.

Je

Je vois, je connois, je sens; mon ame desapprouve les maximes que je débite, mais je me complais dans mon erreur. Le plaisir est ma loi, la volupté mon Dieu, & incertain de mon avenir, j'aime à jouir du présent. Adieu, je vais voir un ami, dans l'esperance de profiter encore du plaisir de votre conversation & de vos charmes. Permettez - moi de vous dire un mot, c'est qu'il n'y a qu'un Sexe aimable qui sache allier les plaisirs de la vie avec la croiance des vérités de la Religion. L'Eprit fort ne l'est qu'à demi auprès de vous; & quoique les vérités, que j'ai entendues, soient dures à mon égard, je les écouterai encore avec d'autant plus de plaisir, qu'elles partent d'une bouche aussi charmante que la vôtre.

C'est ainsi que Mr. de Voltaire me quitta. Sur les quatre heures du soir on m'annonça Mr. de Montesquieu, génie charmant, aimable, d'une conversation noble, aisée, agréable, & qui, sans se livrer aux vices de la Nature, passoit pour être entiché de la foie des Esprits forts. Nous en étions tous les deux aux termes de la simple amitié, & quoique mon cœur l'eût préféré à toute l'espèce des Beaux-esprits, je ne voulus prendre aucun soin de l'attirer dans mes chaînes. Sa Philosophie étoit trop austère, & je me souvenois que
Zéno-

Zénocrate avoit été de marbre auprès de Laïs. Je souhaitois un éclaircissement sur certains principes obscurs, répandus dans son admirable Ouvrage de *l'Esprit des Loix*. Je le reçus avec tous les égards du monde, & après un moment d'une conversation assez indifférente, je le priai de m'expliquer certaines maximes que je ne comprenois pas. Il y acquiesça avec toute la politesse d'un galant homme, & nous entrâmes à l'instant en conversation.

Monsieur, lui dis-je, pourrois-je savoir pourquoi vous faites remonter l'Origine des Loiz aux besoins de s'unir en société, plutôt qu'à un ordre intérieur de la Divinité, qui vouloit exiger un culte de l'homme, & lui donner par lui-même des Loix de sagesse & d'équité? Pourquoi attribuez-vous la différence des mœurs à la différence des Climats? Pourquoi préferez-vous le Gouvernement Républicain au Gouvernement Monarchique? Pourquoi taxez-vous notre Sexe d'une dissimulation si profonde, que nous sommes impénétrables à nous-mêmes; & pourquoi enfin, en parlant des Ecclésiastiques, attribuez-vous au Corps en général les vices de quelques Particuliers? Madame, me dit-il, je vais vous satisfaire avec plaisir, & je ne doute pas que votre esprit ne découvre à l'instant des vérités aussi palpables. Quand j'ai parlé des Loix

en général, je n'ai entendu parler que des
Loix civiles; c'est à dire de celles qui sont nécessaires pour perfectionner les Sociétes. Je
n'ai jamais donné l'exclusion aux Loix divines; la Religion les a gravées dans le fond
de nos cœurs, mais outre celles là, il en
est d'autres, qui sont de toute nécessité pour
maintenir l'ordre dans les Sociétés. Telles
sont les Loix du tribut que le Prince ou les
Etats exigent, les Loix du Commerce, de la
Justice & de l'administration civile. Quand
j'ai attribué la différence des mœurs à la
variation des Climats, j'ai voulu dire que
le tempérament influant sur les mœurs, &
les mœurs étant différentes parmi les Nations,
la variation des Climats produisoit a différence
des mœurs. Les Espagnols, les Américains,
les Indies & toutes les Nations Orientales
sont, par exemple, extrêment portées à la
volupté. Les peuples du Nord sont naturellement froids, parce que la rigueur du Climat
comprime les pores dans les uns, & les
ouvre dans les autres. J'ai préferé le Gouvernement Républicain au Monarchique, parce
que le Prince, qui a seul le pouvoir en main,
est toujours exposé à en abuser, & que
l'autorité des Loix, soutenue par plusieurs
défenseurs, est toujours plus durable que
celle qui dépend de la volonté d'un seul.

C

Je

Je n'ai jamais prétendu attaquer le Corps des Ecclésiastique en général; je sais qu'il en est qui sont très respectables par les mœurs. J'ai seulement condamné les abus; c'est-à-dire cette foule de Célibataires inutiles, qui pourroient fournir des sujets à l'Etat, & qui, loin de se maintenir dans les règles du devoir font souvent le scandale des Chrétiens & la honte de la Religion. Je sais, Madame, que de vils insectes de la Littérature ont voulu m'attribuer des sentimens impies; mais le croassement des corbeaux n'étouffe point la voix enchanteresse du rossignol. J'ai vû, j'ai refléchi, j'ai écrit, je n'ai desiré que le bien de l'humanité; je permets qu'on attaque mes talens, & non la probité de mon cœur.

Enchantée d'un entretien aussi charmant, je le priai de m'éclaircir sur bien des difficultés qui m'étoient venues au sujet de la Religion. Les voici, telles que je les lui proposai. La Religion Chrétienne est-elle la véritable Religion? Faut-il compter sur la certitude d'un avenir? Y aura t-il des peines & des recompe ses éternelles dans l'autre vie? Le plaisir des sens est-il absolument defendu, & nous perd-t-il éternellement? Dieu seroit il juste de punir par des supplices infinis quelques foiblesses

d'un

d'un moment? Notre ame eſt elle un pur
eſprit, ou une matière penſante? Peut-on
conteſter à la Divinité le pouvoir d'accorder
l'intelligence à la matière? Comment les
eſprits pourront-ils exiſter indépendamment
des corps? Qu'eſt-ce qu'un eſprit créé?
Quelle image peut-on ſe former de la Divinité, & enfin pouvons-nous concevoir la
nature de ſon être & celle des eſprits? Ah!
Madame, me dit Mr. de Monteſquieu,
tout ce que vous me propoſez, eſt preſque
au-deſſus de la ſphère de la raiſon; l'eſprit
de l'homme eſt trop borné pour pénétrer l'infini, & quelque étendue de lumière qu'il
puiſſe avoir, il n'appercevra jamais que les
bords de l'abîme, ſans pénétrer juſqu'au
fond. Cependant, pour ne pas vous déſ-
obliger, permettez-moi de vous faire part de
quelques réflexions que j'ai faites ſur ces divers objets. La Religion Chrétienne eſt la
ſeule véritable; en voici la preuve en peu de
mots. L'Etre ſuprême ne ſauroit, ſans bleſſer
les droits de ſa juſtice, autoriſer l'impoſture, en
confirmant de faux Miracles, opérés en ſon
nom. Cependant ſi J. C. eût été un Im-
poſteur, Dieu auroit été lui-même l'auteur
de l'impoſture, en contribuant à la réalité
des Miracles du Légiſlateur des Chrétiens. Il
en a opérés de véritables, il les a opérés

C 2

pour

pour confirmer fa Divinité. L'Etre fuprême a concouru à leur opération, il les a donc approuvés, il ne nous a donc point trom. pés. Jefus-Chrift eft Dieu, & c'eft pouſſer la témérité juſqu'à l'irréligion, que d'ôſer contefter d'auſſi grandes vérités. Le vrai Philoſophe, qui voit d'un œil impartial l'énchaînement des principes, qui s'éleve un peu juſque dans le Sein de la Divinité, y apperçoit des phénomènes inconnus au Vulgaire. Combien de prétendus Philoſophes ne fe font pas égarés pour avoir plutôt conſulté l'imagination que la raiſon? Le vrai Sage ne fe contente pas de parcourir legérement les matières, il refléchit, il approfondit, il rapproche les conſéquences des principes, & après avoir mûrement poſé, il n'ôſe encore, qu'en tremblant, porter un jugement fur d'auſſi fublimes Myſtères.

Quant à la Révelation, je crois qu'il eft très fenſé de la croire, & que les preuves en font fuffiſantes. Pourquoi? c'eft qu'il répugne à la raiſon que Dieu ait laiſſe l'homme abandonné à lui-même; qu'il ne fe foit jamais manifefté en aucune manière à fa créature, & qu'il l'ait, pour ainſi dire, abandonnée, comme des Tartares abandonneroient un ennemi au milieu des déferts. Il a donné des **Loix** à l'homme; c'eft un

fait

fait inconteſtable.   Il n'a pû les donner que
par lui-même, ou par les organes de ſes
Miniſtres; & de quelque façon qu'il les ait
impoſées, il n'en eſt pas moins vrai qu'il
s'eſt manifeſté à l'homme, ſoit médiatement,
ou immédiatement.   Les libertins crient
tant contre les Miracles de toutes les Religio s, & il eſt vrai qu'il y en a eu de faux, ou
plutôt qu'il y a eu des impoſtures; mais il eſt
prouvé inconteſtablement que les Miracles
de Jeſus-Chriſt ne ſont pas de cette nature.
Apollonius de Thiane, Mahomet, & tant
d'autres en ont ſuppoſés; ils ſe ſont ſervis
d'induſtrie & de fourberie pour devenir
auteurs d'une Religion; mais je le dis encore,
il n'y a que des eſprits foibles, bornés, ou
corrompus, qui puiſſent conteſter à J. C.
la réalité de ſes Miracles.   Pourquoi? c'eſt
qu'ici le pouvoir de la Divinité s'eſt mani-
feſtement déclaré.   Ils avoient été prédits
pluſieurs ſiécles auparavant; & ſi on veut
conteſter leur prédiction, je dis encore ce
que j'ai déjà avancé, que Dieu n'autoriſe
point l'impoſture, & que cependant il en
ſeroit l'Auteur, ſi J. C. n'eût point été
Dieu, en opérant de vrais Miracles.   Je ne
veux point entrer dans les autres preuves de
la Religion; celleci eſt inconteſtable; & quiconque ſe refuſe à la première évidence, n'ac-
quieſcera point à la ſeconde.   Cet-

Cette même Religion nous dit encore qu'il y a un aveair, & rien n'eſt plus certain Dieu eſt juſte; il ne laiſſe point le crime impuni. Il n'eſt cependant pas toujours puni en ce Monde; il le ſera certainement dans l'autre. Il eſt donc un avenir, où le crime ſera puni & la vertu recompenſée. D'ailleurs nous ne riſquons rien à le croire, & nous harzardons tout d'en douter. D'un côté je ſuppoſe à l'heure de la mort un vieux libertin, prêt à exhaler ſon ame; de l'autre un homme juſte qui a eu en partage les plus affreuſes tribulations. L'Impie doit être dans le déſeſpoir, parce que de quelque coté qu'il tourne ſes regards, il n'a aucune eſperance; elle eſt toute fondée, ou ſur le néant, ou ſur des peines infinies. L'homme juſte au contraire n'a rien à craindre; ſes peines ſont paſſées. S'il y a un avenir, il aſpire au parfait bonheur; s'il n'y en a point, il ne peut retomber que dans le néans. Voilà Madame, ce que je penſe ſur la Religion & l'avenir. Pour ce qui eſt des peines & des recompenſes éternelles dans l'autre vie, hélas! Madame, la Religion me l'enſeigne; mais l'eſprit de Philoſophie moderne voudroit en faire un problême. Je ſais que ſi le bonheur eſt ſans fin, le châtiment doit l'être auſſi. Je ſais qu'un Prince de la terre punit de

mort;

mort; supplice qui peut être en quelque façon regardé comme une peine éternelle, sans blesser les droits de sa justice. Je sais qu'il doit y avoir une égalité entre la peine & la recompense, l'offense & l'objet offensé; cependant, Madame, vous le dirai-je? mon cœur & mon esprit ont de la peine d'adopter une vérité si dure: c'est à vous, Madame, à qui j'en confie les sentimens. Il ne seroit pas à propos que les peuples crussent simplement des peines passagères; on commettroit le crime trop impunément; il faut à des esclaves plus de menaces que de châtimens: mais tirons le rideau sur une vérité qui fait frémir la Nature, & qui doit bien encourager l'homme à la pratique de la vertu.

Vous me demandez encore si les plaisirs des sens sont absolument défendus. Si vous entendez par les plaisirs des sens, la volupté grossière & les autres excès, de quelque nature qu'ils soient, ils le sont sans doute, & tout honnête homme doit rougir de s'y livrer. Il y en a d'innocens, d'autres un peu plus susceptibles de reproche; mais tout est pur à l'homme pur, & Dieu nous a permis d'user modérément de ses créatures. La volupté, qui n'est pas fondée sur des vûes légitimes, ou sur un Contract civil, abrutit l'homme & dégrade la noblesse de son être. Laissons

C 4

aux

aux animaux la brutalité de leur inſtinct, &
jouïſſons pour nous des heureuſes qualités de
l'eſprit. La foibleſſe eſt un mal, mais elle
n'eſt point impardonnable. Le repentir efface
le crime, la ſeule impenitence attire le châtiment.

Vous deſirez encore de ſavoir ſi notre ame
eſt un pur eſprit, ou ſi Dieu peut accorder
à la matière la faculté de penſer. C'eſt ici,
Madame, où l'imagination s'égare & ſe confond. Pour réſoudre ces deux queſtions, autant que l'eſprit humain peut le permettre,
remontons un inſtant à l'eſſence de la Divinité.
Il eſt demontré que Dieu eſt un pur Eſprit,
c'eſt-à-dire une ſubſtance infinie, plus éloignée de la matière, que la matière ne l'eſt du
neant; une ſubſtance qui ne ſe connoît
que par des attributs inviſibles; par une force
motrice qui agit ſur tout, & ſur qui rien
ne peut agir; par une puiſſance d'opération
qui ne ſe connoît que par des effets admira-
bles; une ſubſtance en fin qui eſt par-tout,
& qui n'eſt en même tems en aucun lieu. Or
telle eſt proportionnellement la nature des
eſprits. Ils ſont une émanation de cet Eſprit
univerſel, l'ame de toute la Nature. L'ame
de l'homme n'a point à la vérité des connoiſſances ſi étendues: elle ne voit point dans le
fond des êtres, comme la Divinité; elle n'en

apper-

apperçoit point toutes les propriétés, & ce n'est que par de profondes réflexions qu'elle peut parvenir à la connoiſſance de certaines vérités.

Cependant elle participe en quelque manière à la nature de Dieu. Elle a l'intelligence en partage; la penſée, c'est-à-dire que la faculté de percevoir certains objets, ſans l'entremiſe des ſens, lui eſt propre. Elle connoît la juſtice, la vérité, la charité & tant d'autres qualités qui ne ſont que des attributs de l'eſprit. Or je dis que la matière eſt abſolument incapable de toutes ces opérations. En voici la raiſon. Si la matière pouvoit penſer, il ne répugneroit pas à la raiſon que Dieu fût un Etre compoſé, puiſque l'intelligence, quoique dans une plus grande perfection, eſt le propre de Dieu, comme de l'homme. Cependant il ſeroit abſurde de dire que Dieu participe à la matière; il l'eſt donc également que la matière ſoit le principe de nos penſées. Je m'explique plus clairement. Si la matière pouvoit penſer, Dieu pourroit être matière, puiſqu'il eſt le principe de toute penſée & de toute intelligence; mais cela répugne aux plus claires notions, parce que la matière ne peut être infinie. De quelque vaſte étendue que vous la ſuppoſiez, il y aura toujours un point qui la terminera. Or Dieu eſt un Etre infini; il eſt

C 5

donc

donc pur Efprit. La matière en lui n'eft donc point fufceptible de penfée, & comme notre ame participe à la nature de fon intelligence, elle ne fauroit être matière, puifqu'elle puife dans la fource de la Divinité fes perceptions & fes penfees. Dieu ne fauroit par conféquent accorder à la matière la faculté de penfer ; donc notre ame eft un pur efprit. De là il fuit néceffairement qu'elle peut exifter indépendamment des corps, puifqu'el e eft une fubftance parfaitement diftincte de la matière, & quoi-qu'elle ne puiffe pas fe former une image parfaite de la Divinité, elle apperçoit du m ins par la nature de fes opérations quelle eft la nature de Dieu même.

Telles font, Madame, les réflexions que j'ai faites fur ces divers objets. Je n'ignore pas qu'ils font extrêmement abftraits, & qu'un chacun ne fauroit pénétrer dans ces grandes vérités ; cependant avec un peu de réflexion, je fuis convaincu que tout homme raifonnable en fentira la force. Je ne doute pas, Madame, qu'un efprit, auffi éclairé que le vôtre, n'ait faifi à l'inftant ce que je viens de vous dire. D'ailleurs, l'imagination fe perd dans l'immenfité de ces efpaces. Nos raifonnemens ne peuvent être que fort bornés, & la foi doit fuppléer à ce qui manque aux efforts de la raifon.

Mr.

Mr. de Voltaire m'avoit promis de revenir fur les fix heures du foir; il entra précifément comme Mr. de Montefquieu alloit fortir. Madame, me dit-il, je vous ai quittée avec regret; je vous revois avec plaifir. Je viens joüir encore un inftant de votre converfation & de votre aimable préfence. Sans doute j'aurois pû profiter beaucoup des favans entretiens que vous venez d'avoir avec un auffi grand homme que Monfieur. Son génie eft fupérieur aux autres, & fi je ne craignois de bleffer fa modeftie, je le fupplierois de me permettre d'admirer les charmes de fon efprit & du vôtre. Mr. de Montefquieu le remercia d'un compliment fi flatteur, & un inftant après, il prit congé de nous. Son départ me fit un peu de peine; cependant dans les circonftances préfentes je n'en fus pas abfolument fâchée, parce que je defirois de continuer mes entretiens avec Mr. de Voltaire, le ramener, s'il étoit poffible, aux principes Orthodoxes, lui faire voir les vices de fon cœur & de fon efprit, le rappeller à lui-même, & avoir l'avantage de faire rentrer dans la vérité un génie auffi élevé que le fien. Nous entrâmes dans un petit cabinet, où, après nous être affis, je le priai de m'expofer tout ce qu'il penfoit en matière de Religion, de Philofophie & de

Gou-

Gouvernement　Je veux, lui dis - je, vous confondre, & avoir la gloire de détruire cette foule de sophismes dont vous appuyez votre incrédulité; je veux vous demander pourquoi vous, qui avez tant prêché; l'honête homme, n'en avez pas toujours conservé le caractère. On se plaint de tous côtés de votre conduite

Avant d'entrer en matière, je veux vous rappeler quelques traits de votre vie passée, peu dignes d'un esprit comme le vôtre. Ensuite je réfuterai votre systême d'incrédulité. Vous devez sans doute vous souvenir que vous fûtes mis à la Bastille pour avoir fait des Vers infames contre le Prince & le Gouvernement; cependant en faveur de votre jeunesse, on voulut bien vous faire grace. Vous parûtes justifié; mais vous n'en étiez pas moins coupable　On vous mit à portée de fréquenter certaines Compagnies respectables, que vous deshonorâtes par votre libertinage & l'irrégularité de vos mœurs　On vous pardonna bien des fois, mais à la fin ne pouvant supporter un esprit aussi pervers, il vous souvient que vous fûtes chassé comme un misérable. Vous vous renfermâtes dans un cercle de génies aussi corrompus que le vôtre; vous devîntes le coriphée de l'impiété, & peut-être auroit-on fermé les yeux

sur

fur des égaremens auſſi affreux, ſi vous n'aviez arboré à découvert l'étendard de l'irré-ligion, de la calomnie & des ſatyres les plus infâmes. Votre eſprit remuant ne put ſe tenir en repos. Vous ne pouviez ſouffrir que les honnêtes gens vous reprochaſſent votre conduite, & pour vous venger d'un cenſeur ſalutaire que vous connûiſſez bien, vous fîtes une ſatyre ſanglante contre lui. D'abord on ignora ſon Auteur, mais bientôt votre im-prudence vous fit découvrir. Rappel'ez-vous qu'on vous avertit ſecrettement de prendre garde à vos épaules, & que ſi vous ne faiſiez une rétraction authentique, les coups de bâton pleuvroient comme la grêle ſur vos épaules. Vous vous moquâtes d'un pareil avertiſſement, & vous le payâtes bien cher. Vous vous ſouvenez ſans doute qu'en ſortant du Café de Procope, une main rude & ferme frappoit à coups redoublés ſur votre corps. On vous étendit par terre, & ſans le ſecours de quelques perſonnes charitables, vous euſſiez couru grand riſque de terminer par un ſort funeſte une vie que vous aviez ſi fort deshonorée.

Cet avertiſſement paſſager vous rendit ſage pour quelque tems. Vous fîtes votre ré-traction, & on eſperoit de vous à l'avenir une conduite auſſi régulière qu'elle avoit été

ſcan-

scandaleuse; point du tout. Dites moi, Monsieur, quel fut le motif qui vous engagea à
composer tout un sottisier contre une personne qui avoit été la cause de votre réputation & de votre avancement? N'étoit-ce
pas avoir un cœur bien perfide, que de payer
des bienfaits par des calomnies? Où aviez-
vous puisé cette noirceur de l'esprit? Il n'y a
qu'un Démon sous la forme d'un mortel
qui puisse commettre de pareilles infamies.
Vous vous en êtes repenti plus d'une fois,
je n'en doute pas, parce que la peur, que
vous eûtes, vous fit faire des réflexions bien
sérieuses. Vous savez qu'un jour à huit
heures du matin, un grand homme sec &
d'un teint livide entra dans votre chambre
le pistolet à la main. Il tira sur vous; mais
heureusement il vous manqua. Vous vous
prosternâtes à genoux, & le conjurâtes, les
larmes aux yeux, que si c'étoit un ennemi que vous eussiez offensé, vous étiez prêt
à faire la réparation la plus authentique.
„ Monsieur, vous dit-on, ce n'est point un
„ ennemi; c'est un Bienfaiteur, dont vous
„ avez déchiré la réputation, qui se venge
„ de vos insolences. Ingrat, que vous êtes!
„ comment avez-vous pu porter la témerité
„ jusqu'à calomnier un homme de probité qui
„ vous a toujours reçu dans sa maison avec
„ une

,, une diſtinction que vous ne méritiez pas.
,, Sa table vous a toujours été offerte, il a
,, daigné vivre avec vous dans la plu intime
,, familiarité, ſa bourſe ne vous a jamais été
,, fermée, il vous a introduit da s les plus
,, bri lantes C mpag ies, & pour prix de
,, tant de bienfaits, vous le deshonorez,
,, vous le faites paſſer dans le Monde pour
,, un caractère ridicule, qui mériteroit d'être
,, le ſujet d'une Comédie. All ns, Monſieur,
,, ſuivez-moi, ou diſpoſez-vous à mourir ſur
,, le champ". Vous le ſ ivîtes tout con-
ſterné. Quand vous fûtes chez lui, on vous
mit, comme à un criminel, la corde au
cou; on vous menaçoit à chaque inſtant
de vous pendre. La peur vous avoit
rendu comme un ſtupide: vous deman-
dâtes grace à genoux; on ſe contenta
d'app iquer ſur v s feſſes quelques cen-
taines de bons de coups de foüet, & vous
ſortîtes, le derrière t ut déchiré. Dites-
moi, Monſieur, quel lénitif vous y fîtes
appliquer. Si vous avez honte de me
le dire, je vais le faire moi-même. Vous
fîtes appeller le Chirurgien Mr. * * *,
& comme vous n'oſiez pas lui déclarer la
ſcène qui vous étoit arrivée, vous vous
contentâtes de lui dire que des hémorroïdes
douloureuſes avoient fait ſortir des vos feſſes

des

des puſtules enflammées, qu'il falloit
adoucir. On y appliqua du beaume bal-
ſamique, & vous revîntes bientôt en
ſanté.

Loin de rentrer en vous - même, vous
vous propoſâtes une nouvelle vengeance;
mais un ami, qui compâtiſſoit encore à
vos foibleſſes, vous en fit voir les dangereuſes conſéquences, & vous fîtes très
prudemment de vous en abſtenir. Ce n'eſt
pas encore tout. Dites - moi ce qui vous
arriva dans le B. de la rue des Bucheries.
Que de frayeurs & de ſaiſiſſemens n'é-
prouvâtes - vous pas? Combien de fois
crûtes - vous toucher au dernier moment
de votre vie? combien de fois ne dites-
vous pas en vous-même ces paroles: *Gu-*
ſtans guſtavi paululum mellis, en ecce morior?
Quatre mains fortes & nerveuſes vous
attachèrent ſur une table. On voulut
vous clouer les pieds & les mains, on étoit
prêt à vous faire l'opération *Orige-*
nienne. Vous offrîtes cinquante louis;
on les accepta, & vous vous crûtes bien
heureux de ſauver votre vie aux dépens
de votre bourſe. Comment un homme
d'eſprit pouvoit-il s'avilir ainſi? Le dernier des Crocheteurs n'auroit-il pas rou-
gi d'une pareille conduite? Vous n'en

de-

devîntes cependant pas plus sage. Quand
une fois le cœur est corrompu, il n'est
point d'excès auxquels il ne se livre. Il
va d'abîmes en abîmes, & il n'est aucune Loi sacrée qu'il respecte. Il ressem-
ble au lion en fureur, il déchire tout ce
qui s'offre à lui; il ne respire que le crime, & devient le repaire affreux des
forfaits les plus noirs. Voici un trait,
qu'on m'a raconté, bien digne d'un cœur
comme le vôtre. Un Auteur d'une aussi
grande réputation que la vôtre, d'un génie & d'un mérite plus distingué, vous
apporta un Manuscrit pour profiter de
vos jugemens & de vos lumières. Vous
le priâtes de le laisser l'espace de vingt-
quatre heures; il y consentit avec plaisir, ne se doutant nullement de la fripon-
nerie que vous aviez dessein de lui faire.
A peine fut il sorti, que vous l'examinâ-
tes avec attention. Vous le trouvâtes
extrêmement bien travaillé & digne de
votre plume. Après avoir résolu de
vous l'approprier, vous commandâtes à
un de vos domestiques de sortir de chez
vous : vous ne lui payâtes que ses gages à
moitié, & il sortit fort mécontent. Le
lendemain Mr. de **** revint chercher son Manuscrit. Dès qu'il fut entré

D   dans

dars votre chambre, vous vous écriâtes
comme une personne extrêmement affligée: „Ah! Monſieur, je ſuis au déſes-
„ poir. Vous me fîtes hier la grace de
„ me confier voᵣe Manuſcrit; un coquin
„ de valet vient de me le dérober. Il eſt
„ parti ſecrettement de la maiſon, & je
„ fais courir de tous côtés après lui. En
„ vérité, Monſieur, j'en ſuis dans le der-
„ nier chagrin. Je ferai pourſuivre le fri-
„ pon en quelque lieu qu'il ſoit, & vous
„ pouvez être aſſûré que je vous remet-
„ trai le Mſ. ou que je vous dédommage-
„ rai de la perte que vous venez de faire".
Vous ſavez combien Mr. de **** fut affligé
de ce prétendu malheur. Il s'en alla fort
triſte, peſtant contre Mr. de Voltaire &
ſon ſuppoſé voleur domeſtique. Vous fîtes
ſecrettement imprimer l'Ouvrage dans
une Ville éloignée / vous en retirâtes plus de deux cens louis, & c'eſt ainſi que vous devîntes propriétaire d'un
bien qui ne vous appartenoit pas. Mr.
de **** apprit, quelque tems après,
que ſon Mſ. venoit d'être imprimé. Il
fit une perquiſition chez tous les Impri-
meurs de Paris, mais ce fut en vain. Il
ne ſe contenta pas de cela, il fut trouver
Mr. Berrier, qui étoit alors Lieutenant

de

de Police, le supplia de vouloir bien mettre ses efpions en campagne pour découvrir votre domeftique. On n'eut pas beaucoup de peine à le découvrir; il n'étoit point caché, parce qu'il n'étoit pas coupable. On le conduifit dans les prifons du petit Châtelet, & fut interrogé juridiquement en votre préfence. Vous eûtes le front d'affifter à l'examen. Il fut prouvé que loin de s'être évadé fecrettement, vous lui aviez donné fon congé; on eut de fortes préfomptions contre vous, & on fut convaincu de la verité, en écrivant à l'Imprimeur de cet Ouvrage. Celui-ci répondit que vous lui aviez fendu ce Mf. deux cens louis. Mr. Berrier voulut procéder criminellement contre vous; mais l'Auteur du Mf. vous fit obtenir grace; tellement que vous en fûtes quitte pour une bonne mercuriale, & pour deux cens cinquante louis que vous fûtes contraint de débourfer. Voilà, Monfieur, de vos infamies. Ne croïez pas, que mon deffein foit ici de vous faire infulte; non, vous connoiffez mon cœur; & l'eftime particulière, que j'ai pour vous, malgré vos défauts, doit vous convaincre de la pureté de mon intention. Je veux feulement vous faire

D 2

fen-

fentir qu'il ne convient point de prêcher
l'honnête homme quand on ne l'eft pas
foi-même; c'eft dégrader le caractère de
la probité que de l'exalter par fon efprit, & de la détruire par fes mœurs.
Quand d'une main habile, d'un pinceau
vif & délicat vous peignez fi bien les
mérites de la vertu, le bonheur qu'elle
procure à ceux qui l'exercent, & la fatisfaction intérieure qu'elle fait fentir
dans fa pratique, ne feroit-on pas prefque tenté de croire que vous êtes un Saint
du premier ordre? mais quand on vient
au détail de vos mœurs, quel problême
à réfoudre? Quoi! dit-on, eft-il poffible
qu'un homme, qui peint fi bien la vertu, ne la connoiffe pas lui-même? Le
cœur peut-il ainfi démentir l'efprit? N'eft-
ce pas tromper le genre humain, que de
prétendre le rappeller à la vertu, & de
fe livrer foi-même aux démarches les
plus criminelles? Répondez-moi,
Monfieur, eft-il pour vous quelque mo-
en de juftification, & ne méritez-vous
pas le blâme de tous les honnêtes gens?
Ne diftinguent-ils pas deux Voltaires en
ce Monde; l'un, qui dans fes peintures
de la Divinité nous tranfporte, pour ainfi dire, jufque dans fon fein; & l'autre,
qui

qui par l'irrégularité de ſes mœurs ſe ra-
baiſſe au-deſſous du plus vil des mortels?

Qu'exigez-vous de moi, Madame,
me dit alors Mr. de Voltaire? Vous de-
mandez peut être un innocent, & vous
cherchez un coupable. Si pour être criminel, il ſuffiſoit d'être accuſé, quelqu'un pourroit il ſe flatter d'être juſte?
Il eſt vrai, mon eſprit n'a pas toujours
été d'accord avec mon cœur; j'ai dit ce
que je n'ai pas fait. Ma conduite, je
le veux encore, a été très irrégulière;
mais ignorez-vous, Madame, que mes
ennemis m'aient autant noirci par leurs
calomnies, que je me ſuis fait tort par
ma mauvaiſe conduite? Que de fauſſetés
n'a-t on pas publié contre moi, que d'envieux de ma réputation n'ont pas ſoulevé
contre moi le Ciel & l'Enfer, que d'in-
jures n'a-t on pas vomi contre moi?
Je ne prétends pas me juſtifier entiérement; je ſais que je n'aurois pas dû donner priſe à mes ennemis; mais ils m'ont
auſſi pourſuivi trop vivement. Ecoutez,
Madame, ôſerois-je vous le dire? dé-
vinez l'énigme : j'ai été tout ce qu'on a
voulu, je n'ai rien été de ce qu'on m'a
cru. Je ſuis impénétrable a moi même,

D 3

j'ai

j'ai suivi les torrens de mon esprit &
ceux de mon cœur; j'ai tantôt été sage,
tantôt libertin, selon les fougues de mon
imagination. Le vil intérêt, cet affreux
tyran des ames, contre qui j'ai tant crié,
fut toujours mon vice dominant. J'ai aimé la débauche par gout, la vertu par
idée, & si mes ennemis ont quelque tort
je n'ai pas tout-à-fait raison. Cependant,
Madame, vous ne diriez pas que je
prends un plaisir singulier à fronder le
genre humain. J'aime à entendre de votre bouche des vérités, que je ne pourrois souffrir dans toute autre, & pour que
je sache jusqu'où la malice de mes ennemis peut se porter, faites-moi le plaisir
de me raconter encore tout le mal qu'on
dit de moi. Vous me comparerez sans
doute à Néron, qui ne se sentoit jamais
plus flatté, que quand on lui rappeloit
ses plus énormes forfaits. N'importe,
j'aurai toujours la satisfaction d'apprendre tout ce qu'on dit de moi dans le mon
de. Il y a du vrai, il y a du faux, & ce
contraste me mettra à portée de juger
des hommes & de moi-même. Ma réputation, quoique semblable à celle de
celui qui mit le feu au Temple d'Ephèse,
n'en ira pas moins jusqu'à la postérité;

je

je serai aussi célebre par mon esprit que
par mes erreurs , & je serai content,
pourvû que mon nom vive, de quelque
manière que ce soit, dans la mémoire des
hommes.

En vérité, Monsieur , lui dis je, ces
sentimens ne me paroissent guères dignes
d'un esprit aussi éclairé que le vôtre.
Quoi! un phantôme de renom sera capable de vous faire renoncer à tout ce
que vous devez à Dieu, à vous-même &
aux hommes? Vous préferez une vaine
gloire , un honneur stérile au plus
précieux de tous les biens? La réputation d'honnête homme ne vaut-elle pas
mieux que celle d'un Bel-esprit libertin?
Voïez comme la postérité a traité vos
confrères, ces Auteurs qui sont morts flé-
tris de l'ignominie du libertinage; voïez
quel jugement elle porte à présent de ces
Ecrits impies qui ont répandu par-tout
la licence & l'impiété; de qui méritent-
ils à présent l'estime & la considération ?
Est-ce de ces personnes sages, qui joignent
à une profonde Philosophie l'amour
de la Religion & la gloire de la sagesse?
est-ce de ces génies supérieurs, qui
sont d'autant plus éclairés qu'ils n'ont
puisé leurs lumières que dans le sein de
D 4   la

la vérité suprême? est ce encore de ces ames innocentes, que le goût épuré de la vertu a toujours conservées sans tâche? Non, Monsieur, on ne les regarde que comme des esprits superbes & orgueilleux, qu'une débauche effrénée a entrainés dans des maximes impies; qui, pour se cacher aux hommes & à eux-mêmes leurs affreux débordemens, n'ont eu d'autre parti à prendre que de les couvrir d'une gaze legère, d'inventer des sophismes spécieux pour les justifier du moins en apparence, & de croire qu'il n'est point de Dieu vengeur, parce qu'il ne punit pas toujours en ce Monde Voiez encore quel genre d'estime on accorde à un Debarraux, à un Spinsa, à un d'Argens, à un Hobbes, à un Collins, à un Grécourt, à un Piron, à un la Metterie, Toussaints, Helvetius, & à leur savoir ; mais quelle horreur n'a-t-on pas de leurs mœurs corrompues? Ne les regarde-t-on pas comme des pestes de la Société, comme des fléaux horribles que l'Enfer répand sur la terre pour exhaler le venin de l'impiété? Si du moins à leurs grands talens ils avoient uni la sagesse & la probité, on les regarderoit comme les oracles de la terre. Eh! ne vaut-il pas mieux mé-

mériter l'estime d'un petit nombre d'hommes de probité,   que celle d'une foule
d'insensés,   dont on ne se souviendra
plus que pour en concevoir une éternelle horreur? Le nom des vrais Sages
vit à jamais : c'est leur souvenir que
vous devez envier; & se proposer tout
autre fin, c'est vouloir fonder un bâti-
ment solide sur l'aîle fragile des vents.

De quelle réputation jouïssez - vous
maintenant dans le Monde? N'entends-
je pas dire de tous côtés: Monsieur de
Voltaire a beaucoup d'esprit; mais c'est
un grand Libertin! c'est dommage! S'il
avoit consacré ses talens au service de
la Religion & de l'humanité,   comme il
les a consacrés à la dépravation des
mœurs, il seroit presque adoré? Voilà,
Monsieur; ce qu'on dit de vous dans le
Monde, mais ce n'est pas encore tout.
Vous m'avez prié de vous rapporter ce
qu'on pense de toutes vos démarches
suspectes; je vais vous en rendre compte. On dit qu'à Luneville, où réside la
Cour du Roi de Pologne, vous parlâtes
en termes peu décens d'une femme fort
respectable. Mr. son mari fut vous trouver, & vous demanda pourquoi votre
verve satyrique s'étoit exercée si impu-

D 5   dem-

demment fur une perfonne dont la conduite étoit irréprochable. Vous n'eûtes
que de très mauvaifes raifons à donner,
ou plutôt vous fûtes couvert de honte
& de confufion. On vous régala de quelques bons coups de canne, & vous vous
retirâtes à votre auberge, tout confterné.
Vous deviez avoir l'honneur de dîner
chez le Prince; mais vous fîtes très fage-
ment de prétexter une indifpofition.

Quel orgueil ne vous reproche-t-on
pas encore de vous être fait prôner dans
les Gazettes à force d'argent ? On dit que
vous y faifiez mettre: *Le célebre Mr. de
Voltaire eft parti d'un tel endroit, & eft
arrivé à tel autre. Toute la Ville l'a reçu
avec les plus grands applaudiffements. Il eft
le plus grand homme de fon fiècle; fes Ouvrages font l'admiration de l'Univers,* On
croioit que le Gazettier rendoit de lui-
même juftice à votre mérite, tandis que
vous ne l'obteniez qu'à prix d'argent.
Quelle baffeffe & quelle préfomption !
Un galant homme n'auroit dû devoir fa
réputation qu'à fon feul génie: le vrai
talent fe fait toujours connaître, mais en
agiffant ainfi, vous aviez bien fans doute votre deffein. La vente de vos Ouvrages étoit plus complette; vous en reti-
riez

riez des sommes confidérables; & comme l'interêt vous a toujours dominé,
vous ne cherchiez qu'à remp'ir votre
bourfe, & non à vous faire une réputation d'honnête homme.   Pourquoi, par
exemple, faire mettre dans la Gazette
que vous étiez arrivé un tel jour à Pots-
dam; que le Roi de Pruffe & toute fa
Cour vous avoient reçu avec la plus
grande diftinction, tandis que vous é-
tiez encore dans les bois de Weftphalie,
où votre chaife s'étoit brifée.   Il vous
plut d'infulter quelques païfans, & ils
vous étrillerent à merveille.

On dit encore que vous avez trompé
& volé prefque tous les Libraires de France & de Hollande.   Vous vous fouve-
nez fans doute de ce pauvre Levier, que
vous avez friponné avec tant de baffeffe.
Vous lui apportâtes votre Manufcrit de
la *Henriade*, il le reçut.   Vous convîntes
de prix, vous l'engageâtes dans des frais
exorbitans de papier, caractères neufs &
belles Eftampes.   Fâché enfuite de l'avoir
livré, felon vous, à un prix trop modi-
que, vous fûtes chez lui, fous pretexte de
faire quelques corrections.   Vous empor-
tâtes le Mf. furtivement, & le fîtes imprimer en Angleterre. Qu'en arriva-t-il?   Le
Librai-

Libraire fut presque entiérement ruiné.
Quelle ignominie, quelle honte pour un
homme qui s'est tant vanté de gratifier
ses Libraires de ses Ouvrages! Mr. ***,
Libraire de la Haye, homme de la plus
exacte probité, se souvient encore du tour
que vous avez voulu lui joüer; mais il ne
fut pas votre duppe. Votre *Anti - Machiavel*
étoit en bonnes mains ; vous eûtes beau sup-
plier & vous mettre à genoux devant lui,
vous n'y gagnâtes rien, que la leçon
de devenir honnête homme, si vous vouliez le
tromper. Il n'est aucun de vos Libraires
qui ne peste contre vous, & ils vous regardent comme l'exécration du genre humain.

Dites - moi, Monsieur, pourquoi avez-
vous été chassé de presque tous les Roï-
aumes ? Le Roi de Prusse vous honoroit
de sa confiance, vous combloit de ses faveurs. Pour le remercier de l'accommo-
dement qu'il avoit voulu faire entre vous
& Mr. de Maupertuis que vous aviez
maltraité, vous avez emporté des pa-
piers de conséquence. Eh! qui voudroit
d'un caractère comme le vôtre ? Ne vau-
droit-il pas mieux vous reléguer parmi
les Oursimanes & les Singimanes ? Que
faites-vous parmi des Nations policées
&

& civilisées, qui suivent les loix de l'honneur & de la probité? Elles ont toutes été témoins de vos perfidies, elles vous ont abhorré dès l'instant qu'elles vous ont connu. Votre impiété vous y rend l'objet de l'exécration de tous les honnêtes gens.

Pouvez-vous bien vous flatter d'avoir des amis, & fûtes-vous jamais capable de vous attirer l'estime de personne? N'avez vous pas trompé tous ceux qui ont voulu avoir quelque liaison avec vous? Ils ont pû avoir quelques égards pour votre esprit; mais n'ont-ils pas tous eu de l'aversion pour votre caractère? Qui voudroit avoir pour ami un homme aussi dangereux que vous? Vos confrères, même les plus libertins, vous détestent; vous les avez tous surpassés en fourberie & en impiété. Je sais que vous prenez la licence de vous faire croire en commerce de lettres avec les plus beaux esprits de l'Europe, & même avec les premières Têtes couronnées; mais on n'est pas dupe de votre orgueil. On n'ignore pas que vous savez vous prodiguer les louanges & les flatteries les plus outrées; on sait que vos porte-feuilles sont remplis de lettres suppo-

poſées. Je veux même encore bien croire que des gens de génie aient eu aſſez
de bonté pour conſuler vos talens ; mais,
dites - moi, comment avez - vous répondu
à leur avance? A peine vous ont - ils connu, qu'ils ont cherché à vous éviter.
Comme l'araignée, vous ne les avez at-
tirés dans vos filets, que pour les plon-
ger dans des flots de ſang. Capricieux
par caractère, inconſtant par humeur,
vous êtes incapable d'une ſolide amitié.
Votre verve mordante & ſatyrique vous
fait fuir, comme on fuit ces dragons de
la Lybie, dont le ſouffle empeſté porte
par-tout la mort & la contagion. Avez-
vous ſû profiter des heureuſes diſpoſitions
que le Roi de Pruſſe avoit pour vous?
Ne vous êtes-vous pas attiré ſa haine
auſſi tôt que ſa bienveillance? Il vous
avoit comblé de bienfaits, & pour toute reconnoiſſance, vous avez fait contre
lui les Vers les plus outrageans. Il s'eſt
vengé à ſon tour, il vous a chaſſé de ſes
Etats & vous a juſtement décrié dans
toute l'Europe. Avez-vous pû conſerver
l'eſtime de l'aimable ***? au contraire ne vous êtes-vous pas brouillé avec
lui de la manière la plus indigne? Son
génie ſupérieur vous faiſoit ombrage; &
vo-

votre efprit jaloux n'a pû fouffrir un ri-
val, fi propre à vous éclipfer. Vous a-
vez cherché à le noircir, & le monde
littéraire a été un Juge équitable de votre infériorité. En vain vous avez ton-
né par vos fanglantes fatyres; les rieurs
n'on pas été de votre coté. Mr. de * * *
eut la gloire de mériter l'eftime de
toute l'Europe, & vous fûtes couvert
d'opprobre.   Le célebre Mr. Rouffeau
n'avoit il pas encore été un de vos plus
intimes amis? mais comment payâtes-
vous fon amitié? Il n'eft point d'infamies que vous ne vomîtes contre lui, &
vous pouffâtes l'injure jufqu'à l'appeller,
Dogue affamé, Chien enragé.   Croiroit-on
que des gens d'efprit, qui ne refpirent
dans leurs Ecrits que les douceurs de la
politeffe, puiffent fe déchirer mutuellement avec autant d'indignité?

Mais paffons à vos Ecrits impies, Vous
ôfez appeller du féricux quelques fenten-
ces alambiquées d'une Morale rebattue,
que vous avez femée dans quelques pitoiables Piéces? Pour du badinage & des
traits facétieux, on ne doute nullement
que votre verve effrénée n'en foit capable. Votre goût décidé pour la volupté vous fait écrire tout ce qu'il y a de

plus

plus obſcène. Votre *Epitre à Uranie*, votre *Pucelle d'Orléans*, & la *Religion Naturelle* ne nous en ont que trop convaincu; mais ce qu'il y a de plus inſupportable, c'eſt que vous ôſiez traiter de badinage, un Ouvrage qui ne reſprire partout que l'incrédulité, qui ôſe nier les Loix de la providence, la punition du crime & la recompenſe de la vertu.

Voltaire, tu le ſais, ta verve trop impie,
Eſt le fruit d'un cerveau rongé par la folie.
Tu ne connus jamais nulle Religion:
Conſultant de ton cœur l'affreuſe paſſion,
Tu vis ſans ſentimens, ſans Loi, ni ſans ſageſſe;
    Et dans ta folle yvreſſe
Arborant l'étendard de l'incrédulité,
Ta bouche n'eſt l'écho que de l'impiété.

Qui croira encore que la morgue d'Auteur n'ait pas ſéduit votre amour propre? On eſt accoutumé, Monſieur, à ces fictions de votre humilité. On ſait que vous avez tout ſacrifié pour vous attirer la chimérique réputation d'Auteur ampoulé & d'homme tout à fait extraordinaire. Je veux bien encore que la morgue d'Auteur ait pû ne pas entièrement flatter votre ambition; mais au moins vous conviendrez:

Que

Que le vil intéret, ce tyran des humains,
Fut le premier objet qui fixa vos deſtins,
Oui, prétendant unir Plutus à Melpomene,
Vous avez preferé les tréſors de Mécène
Aux charmes de l'eſprit, aux qualités d'un cœur
Qui ne veut pour tout bien que la gloire d'Auteur.

Mais votre paſſion fait votre Loi. Vous êtes aſſez modeſte pour en convenir, & tout le monde le ſait. Dites-moi, Voltaire, de quelle nature eſt cette paſſion? eſt-ce la vraie, la ſolide gloire que vous avez cherché dans vos travaux; eſt-ce le deſir de contribuer au honheur de l'humanité, ou à la perfection de la ſageſſe; eſt-ce enfin pour donner à votre nom un luſtre qui ne ſe ternira jamais, ou pour mériter un encens paſſager? Avoüez que la vraie gloire ne vous toucha jamais. Votre eſprit ne porte point la délicateſſe juſqu'à ce point. Si vous en aviez été jaloux, cherchant plutôt la ſolidité des penſées que quelques traits ſaillans de l'imagination, vous n'auriez pas mis au jour les groteſques enfans de votre Muſe; vous auriez reſpecté la Religion, les mœurs & les loix de l'humanité; vous n'auriez point gâté tant de cœurs, ſi votre eſprit impur n'avoit exhalé dans votre *Pucelle d'Orleans* des infamies qui font fremir la Na-

E

tu-

ture. Que de traits impies, que de maximes de la plus fale volupté, que de peintures abominables n'y avez vous pas femé? Les plus débauchés peuvent à peine en fouffrir la lecture. Eft-ce donc là, Voltaire, le chemin de la vraie gloire? Ne fauroit-on fe rendre illuftre, fi l'on ne profane tout ce que la Religion a de plus facré? du moins les peuples les plus barbares ont refpecté les mœurs; mais un Voltaire ne fait aucun fcruple d'attaquer la Divinité, de déchirer les hommes par fa verve fatyrique, & d'étaler dans un jargon rimé les infamies de volupté, qui feroient rugir les animaux les plus féroces. O! la belle gloire, ô! le fublime honneur! Eh! dites-moi, quel eft l'efprit corrompu qui ne pût en faire autant? Faut-il un fi grand favoir pour exprimer les penchans de fon cœur? Ne peut-on pas trouver à la Place Maubert des langues auffi empoifonnées, auffi mordantes, fatyriques & luxurieufes que la vôtre? La dernière des Harangères fera plus digne que vous de l'immortalité; un Crocheteur pourra encore vous difputer le pas. On vous fera cet Epitaphe:

Ci-

Ci-gît un Bel-esprit, Oracle de la France,
Qui, voulant aspirer à l'immortalité,
          Acquit un savoir immense;
Mais admirez sa vanité.
Passans, voïez-la confondue;
Une Harangère, un Crocheteur
Lui disputent un tel honneur,
Et du compas parfait bravant la symétrie,)
          Se sont immortalisés par fureur,
          Comme Voltaire par folie.

Voilà, Monsieur, ce qu'on pensera
de vous, & la postérité saura vous rendre justice sur des Ecrits qui d'un côté
ont fait honneur aux Sciences, & de l'autre les ont deshonorées; mais afin qu'un
jour elle puisse être un juge impartial, il
faut l'instruire, & de vos mérites & de
vos défauts. Vos Ecrits ont, il est vrai,
quelque caractère de grandeur qui d'abord
éblouït les yeux; mais un génie solide,
qui vient à les approfondir, quel pitoïable galimathias n'y trouve-t-il pas?

J'y ai trouvé tant de pitoïable clinquant, tant de paradoxes grotesques,
tant de sentimens affreux, que tout m'a
révolté, jusqu'à vos idées les plus absur-
des. On vous vante comme Poëte, & je
veux bien en convenir. Je ne doute pas
          E 2   que

que vous ne vous glorifiez auffi d'un titre fi flatteur : mais vous voudrez bien permettre qu'on vous attribue quelques grains
de folie; un Poëte, qui ne feroit pas
fou, feroit un monftre dans la Nature.
Quiconque met des entraves à la raifon,
peut mériter ce titre, & fans vous
faire tort, Monfieur, il vous eft dû plus
qu'à aucun autre. Peut-être vous par-
donneroit-on encore, fi vous affaifonniez
vos Vers de quelques folides penfées;
mais prefque par-tout on n'y voit que des
mots vuides de fens. On fait que vous
avez répandu dans le Public certaines Piéces, fous le nom d'un grand Roi du Nord;
mais, je vous le repete encore, on n'eft
plus duppe de vos fuppofitions chiméri-
ques. On ne croit pas volontiers qu'un
Roi, qui a quatre grandes Puiffances ar-
mées contre lui, s'amufe à folatrer fur
l'Hélicon, au préjudice du Dieu Mars.
D'ailleurs on y reconnoît votre ftyle féduifant, mais guindé fur des échaffes.
Admirez, Voltaire, votre belle Ode à
l'Auteur du *Ververt*. Quel pompeux galimathias ! il n'y a pas une feule once de
bon fens.

Divinité des Vers & des êtres qui penſent,
Du palais des eſprits d'où partent les éclairs,
Du brillant Sanctuaire, où les humains t'encenſent,
    Ecoute mes concerts.

Quelle ſublimité, quelle énergie! Nouvel Orphée, on croiroit volontiers que vous allez enchanter les Enfers; mais réduiſons ces maigres enfans de la rime à leur juſte valeur; qu'ils vont être humiliés! En vérité je les plains. La pauvre cervelle, qui les a enfantés, avoit ſans doute voïagé dans les régions du délire. *Divinité des Vers & dés êtres qui penſent*; quel ton ſublime & flatteur! N'eſt-ce pas comme ſi vous diſiez:

O! Dieu de la folie & des têtes volantes!
Dn creux de vos cerveaux enfantez des éclairs,
Et du brillant palais des étoiles errantes,
    Voltigez dans les airs?

Vous ne doutez pas, Monſieur, que le Dieu de la folie ne ſoit la Divinité des Vers, & non des êtres qui penſent. Je vous l'ai déjà dit: la rime & la raiſon ont fait dès long-tems un divorce éternel, & le célebre de Monteſquieu ne ſe trompoit pas, en diſant dans ſon *Eſprit des Loix* qu'il falloit être fou, de s'épuiſer pour ré.

E 3

téduire la raifon a l'efclavage de la rime.
Ouï, vos brillantes epithétes ne font que
charger le bon fens de couleurs, qui loin
de lui faire prendre un généreux effor,
ne font que l'avilir.   Si du moins votre
poéfie étoit étayée de cette force fublime, de cet enchaînement de principes
& de conféquences, de raifonnemens
fuivis & bien liés, de cette forte énergie qui s'attache au réel & néglige le
clinquant, on feroit quelqne grace aux
monticules d'Efope; mais on n'y trouve
prefque rien qui fatisfaffe un efprit folide.   Quelques Petits-maîtres à tête éven-
tée, qui croient vous comprendre & vous
ignorent; quelques efprits gâtés qui auront puifé chez vous les principes de l'irréligion; quelques perfonnes foibles, fé-
duites par les attraits de la volupté, pourront bien jetter quelques regards fur des
objets qui les flattent; mais malgré ces
charmes féducteurs, à peine les efprits
bien faits peuvent-ils vous lire un quart
d'heure, parce qu'y cherchant de la folidité, de l'inftruction, ils n'y trouvent
que des futilités, des menfonges, où des
impiétés.   Or crie, Voltaire eft grand,
c'eft un fublime Auteur, c'eft le Dieu
des Poëtes.   Tout le monde le dit, nous,
l'en

l'en croions. ,, Ouï, dit un de ſes Lec-
,, teurs, dont je viens de parler ; ouï, je l'ai
,, lû, je l'ai admiré, j'ai parlé, je me
,, ſuis tû ; mais enfin j'ai bâillé & je me
,, ſuis endormi "

Quant à vos Piéces de Poéſie, vous
y entaſſez ſouvent Oſſa ſur Pelion. Quelle idée, par exemple, plus groteſque que
de faire peupler la mer, la terre & les
airs par la Divinité de Vers ? N'eſt-ce
pas ſe moquer de toutes les perſonnes de
génie, que de leur offrir des images auſſi
fauſſes ? La Poéſie, il eſt vrai, colore la
Nature, l'embellit par des peintures rian-
tes ; mais eſt-elle la mere productrice des
êtres animés ? Quelle ſublime image : *La*
main peupla la mer, *l'air*, *la terre & les*
cieux ! la main de la Divinité des Vers a
peuplé l'Univers. Voilà, Voltaire, tout
ce que ſignifie votre ſublime penſée.
Qu'elle eſt belle, qu'elle eſt expreſſive !
O ! que vous êtes ſublime ! Non, jamais
ni l'Arioſte, ni le Taſſe, ni le Camoens,
ni le Treſſon n'eût rien peint avec tant
de forces & d'énergie. *Pallas te doit l'é-*
gide, *& Vénus ſa ceinture ; tu créas tous*
le Dieux. Penſée encore fauſſe, & qui
fait voir qu'un Poëte n'eſt guères juſte.
N'avez-vous pas appris que l'égide de Pal-

las étoit le signe & le gage de la sagesse? mais quelle connexion entre la sagesse & la Divinité des Vers? Ne voudriez-vous pas diré que les Poëtes sont des enfans de la sagesse; qu'ils sont tous couverts de l'égide de Pallas, & jamais entourés de la ceinture de Vénus; *Pallas te doit l'égide, & Vénus sa ceinture.* Non, Voltaire, jamais la folie de faire des Vers n'a fait aucun Sage, & tout Poëte est presque toujours fou, ou libertin. Pour la ceinture de Vénus, je l'accorde volontiers à la Divinité des Vers: elle est voluptueuse comme elle, elle enfanta des Dieux voluptueux, ou plutôt des monstres d'impureté, que la superstition & le fanatisme érigerent en Divinités. Ainsi tout ce qu'on peut dire en sa faveur, c'est que

Ses rayons ténébreux déparent la Nature;
Elle chérit en tout les cœurs voluptueux;
Et donnant à Vénus sa fatale ceinture,
  La prostitue aux Dieux.

Qui ne voit que vous cherchez la rime, & non pas le bon sens?

Sous le masque enchanteur de ta verve étourdie,
L'on ne voit que des mots entassés lourdement,
         Et

Et l'humble vérité n'eſt jamais embellie
   Aux dêpens du bon ſens.

Ouï, ton eſprit borné, vaincu par la matière,
Innemi du bon ſens, abruti, fainéant,
Végete ſans penſer, & n'ouvre la paupière
   Que par l'inſtinct des ſens.

D'un Voltaire mordant l'éloquence déchûe
Croaſſe dans la ſange aux pieds de l'Hélicon;
Se déchire en ſerpent, ou ſe traîne en tortue,
   Loin des pas d'Apollon.

Tes Vers audacieux, ſans aucune parure,
Dans un art pedanteſque en leur ſimplicité,
Maigres enfans du goût, rebuts de la Nature,
   Prèchent la volupté.

Tes ſoins infructueux nous vantent la pareſſe,
Et chacun de tes Vers ne peut la démentir,
Et l'on y voin toujours la peſante molleſſe
   Dans ce qu'ils font ſentir.

Au centre du bon goût d'une nouvelle Athenes,
Tu ne moiſſonnes point la gloire des talens,
Et l'Univers entier, envieux de la Seine,
   Se moque de tes chants.

Il ne ſuffit pas, Monſieur pour être
Poëte, de donner des riens brillants; il
faut encore avoir une grande juſteſſe
dans les penſées, & c'eſt ce que votre
          E 5   ma-

imagination trop bouillante ne vous permet pas d'avoir. Il n'est peut-être pas aisé de citer quatre de vos Vers où l'on n'ait sujet de reprendre quelques défauts, ou desirer quelque beauté. Permettez-moi de faire quelques réflexions sur la Poésie. Brebeuf, en embellissant l'idée de Lucain, en a donné, sans y penser, une définition bien juste.

Phœnices primi, famæ si creditur, ausi
Mansuram rudibus vocem signare figuris,

C'est de lui que nous vient cet art ingénieux
De peindre la parole & de parler aux yeux,
Et par des traits divers de figures tracées
Donner de la couleur, & du corps aux pensées.

Vous avez voulu en tand d'endroits de vos Ouvrages éclaircir & fixer les principes de la Poésie, en disant d'elle qu'elle est *l'art de donner du corps & de la couleur à la pensée*, de l'action & de l'ame à tous les objets; mais vous avez ressemblé à ces Médicins qui ont la théorie, sans avoir la pratique. Presque toute votre Poésien n'est qu'une peinture superbement embellie, mais extrêmement isolée, sans enchaînemens & sans principes. Il suffit de penser pour être homme d'esprit; mais

mais il faut imaginer avec raison pour être Poëte. Horace, si grand Peintre dans ses *Odes*, ne se croit pas lui-même Poëte dans ses *Satyres*, & dans ses *Epitres*; il ne reconnoît de règles essentielles à la Poésie que les seuls principes d'une peinture raisonnée, *ut pictura Poësis*.

Les Ouvrages d'Homere, d'Hésiode & de Virgile sont des galeries de tableaux, ouvertes à tous les amateurs des beaux Arts; aussi le célebre Bouchardon, qui dans la partie du dessin peut justement être appellé le *Raphaël de la France*, a dit, en parlant d'Homere, *C'est le Poëte des Peintres*. On pourroit faire le même éloge de Virgile: en effet quel tableau de Michel Ange a plus d'expression & de force que le Combat de Cacus & d'Alcide dans le *VIII. Livre de l'Enéide* ? par quels traits de feu ce terrible Combat n'est-il pas termine? On trouve à chaque page dans Homere & dans Virgile des tableaux de la dernière force & de la plus grande vérité. C'est sans doute cette abondance d'images, tirées du sein de la Nature, qui a assûre, de siécle en siécle, à ces deux célebres Auteurs le titre de grands Poëtes. Si on ne les avoit jugés qu'en qualité d'hommes

dées-

d'efprit, pent-être on auroit eu bien des défauts à leur reprocher; mais pour vous, Voltaire, on ne fauroit prefque rien vous attribues de ces grandes qualités. Votre coloris, il eft vrai, eft quelquefois affez brillant; mais fans force & fans énergie. J'ai oui dire à des perfonnes d'un goût très délicat, qu'un bon Poëte faifoit peu de Vers, & que la grande quantité n'é-toit jamais exempte de foibleffe & de dé-fauts effentiels. Ainfi vous, qui en avez inondé l'Univers, vous n'en pouvez avoir que de très pitoyables. Je vous l'ai fait voir dans *l'Ode à Greffet*, & je crois que fi l'on fuivoit pas à pas toutes vos Poé-fies, on les trouveroit à peu près fembla-bles. Un jufte Critique l'a bien fait voir, en difant :

> Ma foi, Voltaire, eft un grand homme:
> Il n'eft de Paris jufqu'à Rome
> Aucun mortel fi fortuné,
> Ni de talens mieux guerdonné.
> De Science infufe il fe pique,
> Ce n'eft que falpêtre, que feu ;
> Quatrain, Sonet, Poëme Epique,
> Tout cela pour lui n'eft qu'un jeu:
> En huit jours Pièce Dramatique,
> L'Hiftoire lui coute auffi peu.

Ma-

Machiavel en politique,
Il lui donneroit la leçon.
Du Goût oracle fantaſtique
Dans une Padoge comique
Git Idole de ſa façon.
Aigle ſubtil, lynx en Phyſique,
A tous il explique à coup ſûr,
De Newton le ſyſtême obſcur.

Saine Morale théorique (a)
Voltigeant par ſaut & par bond,
Quoique contraire à ſa pratique,
De ſon ſavoir vaſte & profond
Eſt une autre preuve authentique.

Stellionaire (b), ami du bien,
(Que s'il vous dit qu'il n'en eſt rien,
Levier, Ledet dans leur replique
Soutiendront qu'ils le ſavent bien).
Déiſte, Athée & Fanatique,
Nouveau Capanée, il s'applique
A morguer un Dieu qui l'attend.

Il brave tout, haine publique,
Religion, Gouvernement:

Pour

(a) Tout le monde ſait que Voltaire a de grandes
Sentences de Morale qu'il n'a jamais eû deſſein de
mettre en pratique. Il agit comme beaucoup de
Prédicateurs, il fait ce qu'il defend.

(b) Stellionaire veut dire, qui vend le même
Ouvrage à pluſieurs perſonnes.

Pour fa licence frénetique,
Tantôt coffré, tantôt errant,
Et foutenant thèfe Gaulique
Dont Chabot (c) fut le Préfident,

Enflé de ce Laurier cauftique,
A d'autres honneurs il prétend.
Houzai! pour ce Prothée unique,
Son éloge ne peut tarir;
Mais c'eft affez en difcourir :
Concluons, & difons en fomme,
Ma foi, Voltaire eft un grand homme.

Vous vous attîrez fans doute avec raifon ces Satyres piquantes par vos Ouvrages, qui font marqués au coin de l'irréligion la plus effrontée.

Je m'apperçois que je fais fouffrir votre amour propre; mais il eft bon d'humilier les fuperbes, & de venger la Religion. On fait que le fyftême de Spinofa vous tient fort à cœur. Ce que je vais vous raconter, pourra vous fervir de quelque inftruction. En méditant un jour fur cet affreux fyftême, & ne pouvant concevoir comment l'efprit humain pouvoit

(c) Le Prieur de Rohan lui fit donner des coups de canne devant l'Hôtel de Sulli,

voit ſe porter à cet excès d'égarement, je m'endormis profondément, & vis en ſonge deux monſtres énormes qui em-braſſoient toute la Nature, & vouloient l'eriger au rang de la Divinité. Je fus ſi effrayé d'une telle témérité, que je m'éveillai en ſurſaut. Alors rendu à moi-même, je m'écriai tranſporté d'une ſain-te ardeur:

Enfin je vous revois, bois antique & ſauvage,

Lieu ſombre, lieu déſert qui dérobes le Sage

Au luxe des Cités, à la pompe des Crous,

Où, quand la raiſon parle, elle convalne toujours,

Où l'ame, reprenant l'autorité ſuprême,

Dans le ſein de la paix s'enviſage elle-même,

Eſclave dans Paris, ici je deviens Roi;

Cette grotte, où je penſe, eſt un Louvre pour
    moi.

La ſageſſe eſt mon guide, & l'Univers mon livre;

J'apprends à refléchir pour commencer à vivre,

C'eſt ici que la ſage & profonde raiſon

De mon eſprit captif étendit la priſon,

Quand armé du flambeau de la Philoſophie,

Je démaſquai l'erreur que l'orgueil déïfie,

Que tolera long-tems le Batave ſéduit,

Et que juſqu'en nos murs le menſonge conduit.

Vous donc, qui me ſuivez dans cette ſolitude,

Qui

Qui par des nœuds de fleurs m'attachez à l'étude ;
Muse, rappellez-moi le mémorable jour,
Où la vérité même éclairant ce séjour,
Du Dieu de Spinosa m'offrit la vive image :
Elle étoit sans bandeau ; peignons-la sans nuage.

Loin du faste imposant & toujours onereux,
En d'utiles plaisirs couloient mes jours heureux.
Tout entier à l'étude, à mes vœux, à moi même.
Du hardi Spinosa, en creusant le système,
Je vis sortir soudain des débris de la terre
Un énorme géant, que dis-je ? un Monde entier,
Un colosse infini, qui parut régulier.
Sa tête fut à mes yeux une montagne horrible,
Ses cheveux des forêts, son œil sombre & terrible
Une fournaise ardente, un abîme enflammé ;
Je crus voir l'Univers en un corps transformé,
Dans ses moindres vaisseaux serpenter les fontaines,
Et des fleuves profonds écumer dans ses veines.
La robe, qui le couvre, est le voile des airs ;
Sa tête touche aux cieux, & ses pieds aux Enfers.
Il paroît ! la frayer de mon ame s'empare ;
Mais dans le trouble affreux où mon esprit s'égare,
Plus trémblant que soumis, plus surpris qu'agité,
Je cherche en lui les traits de la Divinité,

Lorf.

Lorsqu' abaissant vers moi sa paupière effrayante,
Il m'adresse ces mots d'une voix foudroyante :
„ Cessés de méditer dans ce sauvage lieu ;
„ Homme, plante, animaux, esprit, corps tout
          „ est Dieu,
„ Spinosa le premier connut mon existence,
„ Un Voltaire après lui retrace ma substance :
„ La matière & l'esprit en sont les attributs ;
„ Si je n'embrassois tout, je n'existerois plus.
„ Principe universel, je comprends tous les êtres,
„ Je suis le Souverain de tous les autres maîtres.
„ Les membres différens de ce vaste Univers
„ Ne composent qu'un tout, dont les mondes divers
„ Dans les airs, dans les cieux, sur la terre & sur
          „ l'onde,
„ Embellissent entre eux le théâtre du Monde ;
„ Et c'est l'accord heureux des êtres réunis
„ Qui comble mes thrésors & les rend infinis,
„ Cessés donc de borner ma puissance divine ;
„ Je suis tout ; tout en moi puise son origine
„ Ma grande ame circule, agit dans tous les corps,
„ Et selon leur structure, anime leurs ressorts ;
„ Mais la sagacité ne s'échappe & n'émane
„ Qu'à travers le bandeau que m'oppose l'organe ;
„ Si le voile est épais, l'esprit éclate moins,
„ S'il est plus délié ; libre alors de ses soins,
„ Il brise le tissu de ses liens rebelles,
„ Et jusque dans le ciel lance ses étincelles,

E

„ De cet Etre ignoré, de cet Etre puiffant
„ Admire& reconnois le portrait agiffant ;
„ Mon corps eft le monceau de toute la matière,
„ L'union des efprits forme mon ame entière".

Il dit ;   mais de cent coups à la fois foudroyé,
Comme un foible criftal le coloffe eft broyé.
Voltaire, c'eft ainfi que ta doctrine impie
Par la voix du Tres - Haut fe voit anéantie.
Spinofa n'a plus d'erronés fectateurs,
La vérité paroît du milieu des erreurs,
Et le fceptre à la main,   d'une augufte préfence,
Confond tous les héros de la docte impudence.
O! Nature, ô ! deftin, vous n'êtes point des Dieux!
Vous avez un Auteur dans l'empire des cieux,
Etres fubordonnées au Créateur fuprême,
Annoncez nous fa gloire & fon bonheur extrême,
Dites à l'Incrédule ! Il eft, il eft un Dieu,
Dont le pouvoir s'étend en tout tems, en tout lieu,
Téméraires efprits! voiez fa patience ;
Il peut punir le crime & fufpend fa vengeance.

Pour moi, Monfieur, qui prends un vif intérêt à ce qui vous regarde, je fuis fâchée de votre mauvaife réputation. Croiez-moi, fervez-vous de votre génie pour réparer tout le mal que vous avez fait. S'il eft des foibleffes pardonnab'es, il en eft d'autres qui ne le font pas. On

pafpaſſe ſur celles de l'amour, parce que la Nature réclame ſes droits; on revient tôt ou tard de cette erreur, & le tempérament ne ſecondant plus les paſſions, le cœur revient à lui-même, ſe trouve charmé de retrouver dans ſon fond les premiers principes de Religion. L'Etre ſouverain eſt infiniment miſéricordieux; il pardonne aux foibleſſes de la Nature, mais rarement à ces vices de perverſité, qui rendent un home odieux à toutes les ſociétés.

J'ai demain du monde à dîner, je vous y invite; vous y trouverez très bonne compagnie. Donnez-moi la ſatisfaction de vous entretenir de tems en rems; je n'oublierai rieu de mon côté pour notre mutuelle inſtruction, & peut-être que les voiles du préjugé, une fois déchirés, la vérité s'offrira à vos yeuz avec tous ſes charmes.

Madame, me dit Mr. de Voltaire, je rends graces à vos bontés. Eſperez que mes ſentimens pourront un jour ſe conformer aux vôtres. Je vous écouterai avec plaiſir, mon cœur me rapproche déjà du vôtre, & cc que toutes les lumié res de l'eſprit ne peuvent ſur moi, peut-être que vos charmes & votre complaiſance le feront. Mr. de Voltaire prit a-

lors

lors congé de moi; & comme j'étois fatiguée, parce que notre converfation avoit été fort longue, je fus prendre un peu de repos. Je fis alors mille reflexions fur mes égaremens & fur ceux des hommes en général. Quel eft, me difois-je a moi-même, le genre de vie que je mene; comment pouvoir excufer mes foibleffes? Je conferve encore, il eft vrai, les principes de ma Religion; ils font profondément gravés dans mon cœur, mais ma conduite y eft-elle conforme? L'efprit ne fuccombera-t-il pas enfin à l'erreur de mes fens? à quel excès ne me porte point la vivacité de mon tempérament? Je ne vois, il eft vrai, que des gens d'efprit; mais ne font-ils pas les plus dangereux? leur voix enchânterefíe peut féduire un cœur mille fois plus affermi que le mien. Je me fers, je l'avoüe, de mon peu d'efprit pour venger les dogmes de la Religion; mais d'un autre coté je fens que je la deshonore par mes mœurs.

Que de huées ne m'attirerois-je pas, fi l'on favoit dans le Monde qu'une femme de ma forte s'avife de prêcher aux Déiftes; qu'une Courtifane veut convertir un Voltaire, un d'Argens, & prefque tou-

toute la Secte des Esprits forts? Tel est cependant le but que je me propose aujourd'hui. Peut-être qu'un jour, lorsque le repentir détruira mes foiblesses; peut-être, dis-je, le Dieu des miféricordes aura pitié de moi: mais tous ces Esprits-forts font-ils fufceptibles de retour? Hé las! ils font les plus obftinés dans leurs préjugés. L'erreur brille à leurs yeux fous les couleurs les plus flatteufes pour leurs paffions; ils ont étouffé la vérité dans leur cœur, l'imagination leur tient lieu de raifon, & fans le retour de la vertu, le voile qui les aveugle, ne fe déchirera jamais.

Telles étoient les réflexions que je faifois, lorfqu'elles furent interrompues par le premier, mais le plus terrible malheur de ma vie. J'avois jufque-là joüi des délices du plaifir, fans en avoir fenti les amertumes. Vénus m'avoit toujour foûri; les charmes de la volupté s'étoient offerts à moi fans ces triftes retours, malheureux fruits de la molleffe. Bientôt mon ame fut accablée fous le poids des plus noirs chagrins. Mon pere avoit découvert le lieu de ma retraite, & aiant appris le genre de vie que je menois, il avoit réfolu de m'enfermer dans un Cou-

F 3

vent.

vent. Je haïſſois la clôture, & je crois que j'euſſe plutôt préferé la mort à la perte de ma liberté. Il vint chez moi avec un Exempt : il fut le premier objet que je vis, lorsque tout à coup on ouvrit la porte de ma chambre. Il lança ſur moi un regard foudroyant, & ne pouvant le ſupporter, je tombai en ſyncope & perdis le ſentiment. On parvint à me faire recueillir mes eſprits ; mais ce ne fut que pour me rendre témoin du malheur que l'on me préparoit. Mon pere ne me dit pas un mot ; mais il commanda à l'Exempt de faire ſon devoir. Madame, me dit-il, je ſuis fâché des ordres que j'ai reçus de Mr. votre pere ; mais il faut avoir la bonté d'y obéir. Il voulut me prendre par la main ; je le repouſſai avec indignation. Mon pere, témoin de ma réſiſtance & les yeux en fureur, tire à l'inſtant un piſtolet de ſa poche.

Je crus que c'étoit fait de moi, & je ne doute pas qu'il ne m'eût brulé la cervelle, ſi l'Exempt ne lui avoit ôté l'arme des mains. Je me vis donc forcée d'obéir. On me mit dans un Fiacre, & j'eus la cruelle douleur d'apprendre que l'on me conduiſoit aux *Filles* de *Sainte-Marie.* Quelle extrémité pour moi ! Mille

fois

fois je maudis le jour qui me vit naître.
Je fondois en larmes, j'étois au défefpoir, & je me ferois de bon cœur ôté la
vie, fi j'en avois pû trouver le moïen.
L'Exempt, homme plus poli qu'ils ne le
font ordinairement, me confoloit du
mieux qu'il lui étoit poffible.   Madame,
me difoit-il, la vie eft fouvent remplie
des revers les plus chagrinans : mais le
malheur ne dure pas toujours ; le calme
fuccéde à la tempete.   Je fuis touché de
votre affliction, confolez-vous ; le tems
eft un remède à tout.   Mr. votre pere
s'appaifera enfin, & bientôt vous aurez
l'agréable fatisfaction de vous réconcilier
avec lui. Parmi ces confolans propos
nous arrivâmes à *Sainte Marie*.   Je def-
cendis du caroffe, & l'Exempt me remit
entre les mains d'une vieille Duëgne,
dout le vifage hideux étoit feul capable
de me faire mourir d'effroi ; mais quelle
fut ma terreur, lorfqu'en entrant par une
petite porte, j'entendis le bruit effrayant de cent gros verroux ! Je crus alors
defcendre dans le fombre abîme, & le
Tartare commençoit à ne plus me paroître une fable.   On me mit dans une chambre, où regnoient les ténèbres & l'obfcu-
rité. Un lit, une chaife, une table en

F 4

fai-

faifoient tout l'ornement. On referma
'la porte, & on me laiffà livrée à mes
cruelles réflexions. O Dieu! comment
puis je encore me rappeller un fi trifte
fouvenir? Comment pourrois - je décrire
l'agitation, la torture où furent mon efprit & mes fens? Des torrens de larmes
couloient de mes yeux, une fombre fureur faifoit frémir tout mon corps Je me
meortriffois le fein, je proferois mille
chofes horrib'es contre l'auteur de ma
difgrace. J'ai honte de le dire ; mais tel
eft l'effet du defefpoir, qu'il ne confulte
ni la raifon, ni le fentiment.

Fatiguée par tant d'agitation, je me jet-
tai fur ce malheureux lit, où rappellant
avec amertume les égaremens de ma vie,
je me dis à moi même : ,, Voilà donc
,, enfin où conduit l'amour du plaifir.
,, Tôt ou tard le crime fubit le châti-
,, ment; tu en fais à préfent une mal-
,, heureufe expérience. Tu as nagé
,, dans la joye, tu gemis maintenant
,, dans la douleur. Que font devenus ces
,, momens de délices qui raviffoient tou-
,, tes les puiffances de ton ame; que font
,, devenus ces adorateurs féduifans, ces
,, génies aimables, uniquement attentifs
,, à célebrer tes charmes & ta beauté;

,, que

„ que font devenus ces foupirs déli-
„ cieux, ces converfations agréables,
„ ces amufemens frivoles qui faifoient,
„ l'objet de ton empreffement & de tes
„ recherches? Dans quel lieu te vois tu
„ maintenant réduite? dans un azyle où
„ l'on met toutes les plus affreufes vic-
„ times de la débauche. Mais ne l'as-tu
„ pas bien mérité? n'as tu pas étouffé,
„ ces fentimens de délicateffe qu'une
„ perfonne bien née regarde comme le
„ bien le plus précieux de la vie? Ton
„ éducation & ton efprit peuvent - ils
„ juftifier les égaremens de ton cœur?
„ Non, fans doute, & la feule reffour-
„ ce, qui te refte dans un lieu fi funef-
„ te, c'eft de former la généreufe réfo-
„ lution d'être fage, de fléchir la bonté
„ de ton pere, & d'avoir recours à l'Au-
„ teur de toute confolation".

J'étois ainfi au milieu de ces cruel'es
réflexions, lorfque j'entendis ouvrir ma
chambre. Je vis entrer une jeune Sœur,
qui avec un morne filence mit fur la
table un peu d'eau & un morceau de
pain. Sa phyfionomie me parut affez
revenante, & je crus m'appercevoir
qu'elle étoit affez affligée de mon fort.
Je la priai de vouloir bien m'écouter un

F 5

mo-

moment; mais elle s'en excufa, fous prétexte qu'elle avoit une défenfe abfolue dé me parler. Je ne voulus pas la contraindre, & la laiffai fortir, dans l'efperance que je viendrois à bout de la gagner par des manières prévenantes. Je paffai ainfi la nuit, & peut-être la plus cruelle de ma vie.

Le lendemain vers les huit heures du matin, la Supérieure entra dans ma chambre, me fit une exhortation fort pathétique, & me dit de la fuivre au parloir, où l'on me demandoit. Je penfois y voir mon pere; cependant j'avois de la peine à me le perfuader. En entrant, j'apperçus un Eccléfiaftique bien fait & de bonne mine. Après les premiers complimens, il m'informa qu'il venoit de la part de mon pere, & qu'il étoit chargé d'avoir quelques entretiens avec moi. Je ne l'avois pas encore bien fixé, lorfque tout à coup je fus étonnée de voir Mr. de S. F., qui s'étoit ainfi déguifé pour procurer ma délivrance. Mes amis, aiant appris ma difgrace, s'étoient affemblés chez Mr. D***, dans la réfolution de chercher les moïens de me rendre ma liberté. Mr. de S. F. fur-tout avoit conçu le projet de s'habiller en Eecléfiafti-

que,

que, de supposer un ordre de mon pere, & de m'arracher du Couvent dès le lendemain même, s'il étoit possible. Il s'étoit abouché avec le premier Commis du Lieutenant de Police, avoit obtenu à prix d'argent un ordre supposé, & étoit venu avec empressement à *Sainte - Marie*, accompagné du même Exempt qui m'avoit conduite la veille ; il en fut quitte pour quatre louis. Après un moment de conversation, pendant lequel j'eus le tems de me reconnoître, il tira de sa poche l'ordre supposé, & le présenta à la Supérieure, qui ne fit aucune difficulté de s'y conformer. Je fus relâchée à l'instant, & Mr. de S. F. me conduisit dans le Fauxbourg St. Paul, où l'on m'avoit preparé un appartement. Depuis ce tems-là, j'ai appris que mon pere n'avoit pû me découvrir, malgré toutes ses perquisitions, & qu'il étoit retourné en Province, fort irrité contre moi.

Tous mes amis vinrent me féliciter sur mon retour ; je les remerciai du service qu'ils m'avoient rendu. Enfin le dirai-je ? je repris mon train ordinaire ; & tel est l'effet de la prospérité, qu'elle nous fait oublier nos meilleures résolutions. J'avois promis de renoncer à mes

foi-

foibleſſes ; mais dès que les diſgraces ſont paſſées, on ſe ſouvient rarement de ſes promeſſes. Trois jours après, le célebre Auteur, qui m'avoit généreuſement accordé un appartement lorſque l'arrivai à Paris, voulut celebrer par un feſtin ma liberté preſente. Tous nos amis communs y furent invités ; c'étoit tout ce qu'il y avoit de plus grands génies en France ; un Voltaire, un Monteſquieu, un d'Alembert, un Piron, un Marmonteil, un Crebillon, un Marivaux, & bien d'autres qu'il ſeroit inutile de nommer. Je ne dois cependant pas omettre Mr. l'Abbé de l'Attaignan, homme rempli d'eſprit, ennemi déclaré des Eſprits-forts, mais très eſtimé de ces Mrs. par rapport à ſes vaſtes lumières. Le repas fut ſomptueux. On parla peu juſqu'au Deſſert ; enfin la converſation devint très ſérieuſe & philoſophique.

Je ne ſais, dit Mr. de Voltaire, pourquoi nous paſſons dans le Monde pour une Secte d'Impies. Peut être n'eſt-ce qu'un Vulgaire profane, pêtri de préjugés & d'erreurs, qui nous traite ainſi ; cependant j'ai appris que des eſprits très ſupérieurs ne nous font pas plus de grace, témoin Madame, qui dans pluſieurs

con-

conversations particulières m'a dit les choses les plus dures. Elle a combattu nos systêmes, jusqu'au point de les renverser. Ne suffit il pas de croire un Dieu, Môteur suprême des loix du mouvement? La seule raison ne nous dicte que cette vérité, & la seule raison est le guide infaillible que la Divinité nous ait donné pour nous conduire. Ouï, sans doute, reprit Mr. d'Alembert. Croire à un Dieu, l'adorer & l'aimer, est la véritable Religion de l'homme. Par-là on ne risque nullement de se tromper, on n'est point exposé à tomber dans l'Idolatrie, comme y sont tombées presque toutes les parties du Monde. D'ailleurs nous avons maintenant en faveur de notre systême, les Nations les plus éclarées. Les Chinois, les Japonois, les Mogols, les Turcs, les Persans & presque tout le vaste Empire des Indes n'adorent qu'un seul Dieu. Le Christianisme, il est vrai, porte quelques caractères de Divinité; mais ses Mystères répugnent à la raison, sont trop incompréhensibles, & leur obscurité ne s'accorde point avec les simples notions de l'esprit; ce sont de beaux astres qui brillent sur nos têtes, mais trop élevés pour nous éclairer. Supposez-moi pour

un

un moment comme un Miſſionnaire, qui iroit dans les vaſtes régions du Midi prê-cher la Religion Chrétienne à des peu-ples, guidés par les lumières naturelles. De quel œil me regarderoient-ils? Comment pourroient-ils entendre qu'un premier homme coupable a rendu toute ſa poſtérité digne de peines éternelles; qu'un fruit, gouté contre les ordres de Dieu, a condamné le monde entier à la malédiction & à l'anathême? Comment pourront-ils comprendre que la Divinité a un Fils, qu'il a pris notre nature, qu'il eſt venu habiter parmi nous, qu'il eſt mort ſur une croix pour nos pechés, pour nous mériter la réſurrection des corps, & un bonheur ſans fin? Comment enfin pourront-ils comprendre que l'Etre ſouverain eſt compoſé de trois Perſonnes réellement diſtinctes? Ne me traiteront-ils pas d'inſenſé, ne me regarderont-ils pas comme un homme attaqué de délire, ou de fanatiſme? Ce n'eſt pas douteux, repartit Mr. Piron, & ſa Morale me plait encore moins. Comment? il faudra, pour être ſauvé, renoncer à l'uſage de ſes ſens, jeûner comme un criminel, ſe foüetter comme un baudet? Eſt-il donc de l'eſſence des Juſtes d'avoir l'eſtomac

trop

trop étroit ? Si la volupté nous est dé-
fendue, pourquoi ces violens mouvemens de la Nature qui rapprochent si
fortement les deux sexes ? Eh! que deviendroit mon débauché converti, &
tant d'autres Ouvrages de génie, où j'ai
si bien peint l'attrait des sens ? Non,
trêve de Religion Chrétienne; je m'ac-
commode mieux de la nôtre. Vivons
du moins, jouïssons, puisque nous te-
nons l'être.

Mr. l'Abbé de l'Attaignan avoit jufque-là laissé raisonner ces Beaux esprits. Indigné d'entendre des blasphé-
mes si horribles , il prit la parole, &
d'un ton supérieur il leur parla en ces
termes. Messieurs, j'avois bien cru
jusqu'à présent, qu'il y avoit dans le Monde des Impies qui ne respectoient ni les
Loix de la Religion, ni celles de la Nature;
mais, je vous l'avoüe, vous êtes les premiers que j'aie vûs d'une impiété aussi
déclarée. Je rougis même de parler avec
des esprits qui me paroisse t plutôt des
Démons que des ames créées pour la justice & la vérité. Permettez-moi, Mrs.,
de vous opposer des raisons aussi con-
vainquantes & solides, que les vôtres sont
superficielles. Je ne veus pas vous rap-
pel-

peller ici à ces Oracles divins ; organes de la vérité, par qui Dieu a manifesté sa Religion ; je ne veux qu'opposer raison à raison. Le premier objet, qui vous embarrasse, est ce que nous appellons le péché d'origine; mais voions si dans la conduite de Dieu il y a rien d'injuste & de contraire à sa bonté. Prêtez seulement votre attention à la force de mes raisonnemens. Vous n'ignorez pas que le premier homme devoit son hommage & sa dépendance à son Créateur ; il l'avoit créé libre & capable d'adoration. Est-il contraire à sa justice qu'il ait voulu éprouver la liberté de l'homme? En qualité de Créateur, ne devoit il pas exiger l'obéissance de sa créature ? Mais comment auroit-il reconnu sa soumission, s'il ne lui avoit prescrit aucune Loi? Je sais qu'il connoissoit les cœurs, qu'il savoit si le premier homme lui desobéiroit ou non ; néanmoins cette obéissance, qu'il exigeoit, n'étoit pas pour lui, mais pour faciliter à sa créature les moïens de mériter de plus en plus ses faveurs. D'ailleurs ne perdez pas de vûe le don heureux de la liberté dont il l'avoit gratifié; elle est le fondement de mes preuves. L'homme avoit une égale facilité

à

à l'obéissance & à la desobéissance; sa liberté étoit le principe de son chatiment, ou de sa recompense. Dieu ne lui fit qu'un commandement bien facile: *Vous vivrez*, lui dit-il, *de tous les autres fruits qui sont dans ce lieu de délices; mais pour éprouver votre fidélité, vous ne toucherez point à l'arbre du bien & du mal. Si vous me desobéissez, vous mourrez de mort.* Dieu l'avoit positivement menacé; l'ignorante ne pouvoit pas justifier son crime. Cependant il n'eut point d'égard à ce commandement; il se laissa séduire, il tomba, & Dieu le condamna à la mort avec toute sa postérité. Vous trouvez juste, je le sais, la punition du premier homme; vous ne vous recriez que contre celle de sa postérité. Quelle connexion y a-t-il, dites-vous, entre le crime d'Adam & celui du dernier homme? Pourquoi punir l'innocent dans le coupable? Toutes ces raisons ne sont que spécieuses. Dieu n'est pas injuste pour cela. Dites-moi, je vous prie, taxez-vous d'injustice un Prince de la terre, qui punit souvent un criminel de Lèze-Majesté jusqu'à sa quatrième génération? Ne voiez-vous pas tous les jours des enfans porter la peine de leurs peres? pour vous citer

un

un exemple récent , de quel crime font coupables les parens du parricide Damiens ? Pourquoi les a t-on bannis, exilés hors du Royaume ? pourquoi a t on flétri leur nom & leur réputation ? Cependant ils n'avoient aucune part au crime du fcélerat, ils l'avoient en horreur comme un monftre qui auroit dû être étouffé dès fa naiſſance. Eh! pourquoi ne criez-vous pas à l'injuſtice contre le Roi de France ? pourquoi n'allez-vous pas dire que c'eſt commettre la plus criante des injuſtices, que de punir des innocens dans un coupable ? pourquoi ne le faites-vous pas paſſer comme un tyran, qui ne reſpecte pas plus le juſte que l'injuſte ? pourquoi encore ne regardez-vous pas les Magiſtrats, qui les ont condamnés, comme des Miniſtres d'iniquité ? Une telle imputation ne vous eſt jamais venue dans la penſée. Vous regardez le Prince comme l'image de la Divinité fur la terre, & qui doit, en cette qualité, punir avec la dernière ſéverité ces monſtres d'infamie, qui ôſent attenter à la plus précieuſe des vies. Les Magiſtrats vous paroiſſent également des Juges intègres, qui doivent par néceſſité, & par la Loi de leur miniſtère, veiller ſur les jours &

les

les intérêts de leur Roi. Vous ne taxerez pas non-plus d'injustice un Prince qui punit un rebelle à ses volontés. Le courtisan téméraire, qui manque au respect, ou aux bienséances, n'est-il pas exilé de la Cour? toute sa famille ne se ressent-elle pas de ses disgraces? Le fils d'un Ministre disgracié parvient rarement aux faveurs; & quoiqu'innocent, il se ressent des fautes de son pere. Or croiez-vous que la Divinité ait moins de pouvoir qu'un Prince de la terre, & que sa justice soit mons sévère à notre égard que celle d'un Roi envers ses sujets? Celle-ci n'est qu'une simple émanation de la sienne; & si elle est si rigide, que ne doit donc pas être celle de Dieu? Il n'est donc pas injuste d'avoir condamné toute la postérité pour le crime du premier homme; mais voici encore une raison, qui, pour n'être que de convenance, n'en est pas moins solide. Un germe, infecté dans son principe, ne produit-il pas des fruits également corrompus? Un pere, peu sage dans sa conduite, & dont les organes ont contracté un venin contagieux, ne produit-il pas des enfans attaqués du même vice, & qui voient le tombeau aussi-tôt que le jour? Un pere

scéfcélerat ne produit-il pas également des enfans qui contractent les mêmes inclinations & les mêmes penchans? Or tout le genre humain ne provient-il pas du premier homme, & s'il a été infecté dans fon principe, pourquoi toute fa poftérité ne s'en reffentiroit-elle pas? Ne voions nous pas les mêmes effets dans la Nature? pourquoi Dieu en auroit-il dérangé l'ordre en faveur d'un coupable? A l'inftant même qu'il defobéit à fon Dieu, la mort & la corruption, felon les menaces de fon Auteur, fe gliflerent dans fon être; le germe, qui devoit ne produire que des fruits heureux, ne produifit que des fruits de mort. Tous les hommes étoient contenus dans ce germe, lequel étant corrompu, toute la poftérité devoit être infectée de fon vice. Dieu étoit-il contraint de lui rendre fa première vigueur; le pouvoit-il même felon les loix de fa juftice? Non, fans doute: il avoit prononcé l'anathème contre la desobéiflance du premier homme, & la punition de cette defobéiflance devoit s'étendre à tout fon être. Or tous les hommes étant renfermés dans ce premier être, tous les hommes devoient participer à fa punition. Un fleuve, corrom-

pu

pu dans fa fource, ne roule dans fon
fein que des eaux corrompues; celles,
qui s'en détachent & qui forment des
ruiffeaux, n'en deviennent pas plus pures. Les fleurs dans un terrain ingrat
perdent toute leur beauté; elles partici-
pent à fa contagion. L'arbriffeau dans
une tige mourante ne porte que des feuil-
les flétries, & c'eft ainfi que chaque ef-
pèce fe reffent des vices de fon germe.

Je trouve, dit Mr. d'Argens, tous ces
raifonnemens plus fophiftiques encore que
les nôtres. Il s'agit ici de favoir fi le
premier homme étoit réellement coupable, s'il a défobéi à fon Créateur comme
on le dit; & quand bien même il l'auroit
été, Dieu n'en feroit pas moins injufte
d'avoir confondu l'innocent avec le coupable. Bon, repartit Mr. l'Abbé, je
vous prendrai ici par vos propres raifons, & je veux vous faire voir, que fans
le péché d'origine, Dieu feroit encore
plus injufte à notre égard. Jettons un
inftant nos yeux fur toutes les miferes
de la vie humaine. A peine l'homme
commence à naître, qu'il commence à
mourir: renfermé, pendant un affez
long efpace de tems, dans une étroite pri-
fon, il ne voit le jour que pour ré-

 pan-

pandre des pleurs. Il annonce déjà par
ses cris perçans ses misères & ses malheurs. La contagion & la maladie viennent l'aillaillir de toutes parts. Son enfance n'est qu'une affliction continuelle.
Parvenu à l'age de raiso , il se voit ob-
sedé de mille passions naissantes, qui ne
lui laissent pas un instant de repos.
L'ambition, la volupté, la nécessité, la
faim, les misères de toute espèce sont
pour lui comme autant de tyrans, &
enfin la mort vient terminer ses malheurs par un sort plus funeste encore.
Or, je vous le demande, Messieurs,
si le premier homme eût été innocent,
Dieu ne seroit-il pas injuste ce l'avoir
ainsi condamné à tant de peines ? ne
serions-nous pas en droit de nous récrier
contre sa bonté ? ne pourrions-nous pas
lui dire : ,, Oui, Auteur suprême de la
,, Nature, pourquoi avez-vous ainsi affli-
,, gé des créatures qui ne vous ont ja-
,, mais offensé ? Vous êtes juste, votre
,, bonté est infinie, & vous ne faites
,, point des malheureux sans raison; ce-
,, pendant nous le sommes. Nous vi-
,, vons accablés sous le poids de nos
,, maux; mais, ô Dieu! si vous êtes ju-
,, ste, & nous innocens, pourquoi nous
,, trai-

„ traitez-vous ainfi” Dieu pourroit - il récufer une telle juftification? Il feroit donc plus injufte dans votre fyftême que dans le mien. Vous aurez beau dire que telle étoit la volenté de Dieu; que ne nous devant rien, il pouvoit nous créer felon qu'is le jugeoit à propos, & que tout eft bien dans l'ordre de la Nature. Vous aurez beau me dire que le mal, qui eft dans ce Monde, n'eft qu'un mal apparent; que les vices fervent à nous faire devantage admirer les vertus, comme les ombres relevent l'éclar d'un tableau. Pour détruire ces fophifmes, il fuffit de vous prouver qu'il y a un mal réel dans ce Monde; & que Mr. Pope, quoique d'ailleurs grand homme, s'eft réellement trompé. Je vous le demande, Meffieurs, la mort eft - elle un mal, ou un bien? La mifère d'un homme, prêt à mourir de faim, ou à être condamné à l'échaffaut, eft - elle un bien? Ouï, dit Mr. de Marmonteil, la mort eft la fin de nos peines, & nos peines nous font defirer la mort. Selon vous, lui dis - je, il eft donc des maux réels, & fans contefter fur de vaines paroles, le fentiment intérieur dicte à tous les hommes qu'en ce Monde le mal furpaffe le bien. Or,

G 4 di-

dites-moi: un Dieu, plein de bonté, peut-il rendre des innocens malheureux? un pere punit-il des enfans par la seule raison qu'il le juge ainsi à propos? Ne le regarderiez-vou pas comme un barbare, qui ne respecte ni le sang, ni l'innocence? Or nous sommes tous les enfans du Créateur. Il n'a donc pû nous condamner aux misères de la vie, sans l'avoir mérité; il y a donc eu un premier crime qui pous a attiré cette condamnation; on fait donc Dieu plus injuste, en niant le péché d'rigine, qu'en l'admettant. C'est aussi par ce défaut de connoissance que les anciens Philosophes blâmoient la Divinité de nous avoir créées si malheureux. Ils ne p uvoient concevoir pourquoi elle nous avoit assujettis à tant de peines. Telle est l'origine de la Métempsicose & des deux principes. Les uns, pour justifier la Divinité, supposoient que nos ame avoient existé dans une autre vie; qu'elles avoient péché, & qu'en punition de leurs crimes, Dieu les avoit envoiées dans ce Monde pour être renfermées dans des corps, & expier, au milieu des misères de la vie, leurs foiblesses passées; les autres, également surpris de tous les maux qu'on voit regner

en

en ce Monde, furent contraints d'admettre deux principes, l'un du mal, & l'autre du bien. Ils attribuoient au premier l'origine des êtres phyſiques & à l'autre celle des êtres intelligens. Mais la ſeule raiſon ſuffit pour nous faire rejetter des ſyſtêmes auſſi abſurdes. Je ne les ai rapportés que pour faire voir que ſans le péché d'origine, il eſt impoſſible d'expliquer purquoi Dieu nous a rendu ſi miſérables en ce Monde. Mr. de Voltaire a tort de dire dans un de ſes Diſcours, qu'il na tient qu'à l'homme de ſe faire un bonheur proportionné à ſa nature; que les malheurs de ce Monde ne peuvent point en troubler la tranquillité: & pour tout remède, il nous propoſe dans nos diſgraces de penſer qu'il y en a de plus malheureux que nous, comme ſi les peines d'autrui pouvoient ſoulager les nôtres. Vous, dit-il, qui vous plaignex d'un ſort infortuné, voiex un Belizaire, un Bajazet dans les fers, voiez un Chartes I. ſur un échaffaut, un Dom Carlos baigné dans ſon ſang. Raiſonemens pitoiables, qui ne méritent pas la moindre attention! Vous, Monſieur de Voltaire, qui avez tant prôné les délices & le bonheur dont on peut jouïr en ce

G 5

Mon-

Monde, convenez en avec moi de bonne foi, avez-vous jamais été heureux ?
je dis plus, avez vous jamis paſſé aucun
jour de votre vie, ſans quelque chagrin
& quelque amertume ? Avez-vous même
été heureux en idée ? Non, ſans doute: le
bonheur ici-bas n'eſt qu'imaginaire. Nous
voions évidemment qu'il y a des maux
réels: ces maux n'ont pû être infligés à
l'homme innocent, ſans injuſtice.

Il y a donc eu un crime d'origine, qui a
précipité tous les hommes dans la malédiction de Dieu, & voilà, Monſieur, le
principe de l'Incarnation. La diſtance
étoit trop grande entre le Créateur &
la créature pour reparer l'offenſe; il falloit un Médiateur ſuprême, qui put rapprocher le fini de l'infini, qui pût élever
l'homme juſqu'à Dieu, & abaiſſer Dieu
juſqu'à l'homme. Or toutes les créatures étant coupab'es, il n'y avoit aucune
qui pût opérer cette grande réconcilia-
tion. Dieu envoia donc ſon Fils unique,
c'eſt-à-dire ſa Parole éternelle, l'image
de ſa ſubſtance, pour opérer la Rédemption. Cela, Mrs., vous paroît un terrible problême à réſondre; mais écoutez
un grand homme, dont l'eſprit étoit bien
plus ſupérieur que le vôtre. „ Eh! pour-
„ quoi,

» quoi, dit-il, la Divinité n'auroit-elle
» pas un Fils, pourquoi ne l'auroit-elle
» pas engendré? ne voions-nous pas
» que tout est génération dans la Natu-
» re?" Chaque semblable ne produit-il
pas son semblable? & quoique dans Dieu
cette similitude soit bien différente, on
voit par-là qu'il ne répugne pas à la raison que Dieu ait un Fils; mais ce Fils
étoit destiné pour racheter l'homme coupable.   Or cette Rédemption ne pouvoit se faire qu'en emploiant le contraire de ce qui avoit perdu la créature.   Le
plaisir l'avoit corrompue; il falloit donc
la racheter par les souffrances: c'est ce
qu'a fait le Fils de Dieu, en se livrant
volontairement à la mort.   Elle avoit
sauvé les hommes; l'Esprit de Dieu devoit les vivifier, & cet Esprit, qui a
éclairé le Monde de sa sagesse, étoit encore un attribut personnel de la Divinité.

Je sais que le profond Mystère de la
Trinité vous paroît si contraire aux lumières naturelles, que vous ne craignez
pas de le traiter de rêverie & de chimè-
re; mais ce n'est encore qu'un effet de
votre orgueil. Dites-moi, Messieurs,
la pensée, l'entendement & la volonté

ne

ne font ils pas dans l'homme trois êtres
réellement diftinéts? cependant ne font-
ils pas unis indivifiblement? ne compo-
fent-ils pas un même être? Mais quand
bien même la compréhenfion de ces Myftères feroit impoffible, devroit-elle nous
empêcher d'y adhérer? Combien de faits
ne croiez-vous pas dans la Nature, & qui
font inacceffibles à toutes nos lumières?
Avez-vous jamais pû comprendre les mouvemens réguliers de ces Globes céleftes,
qui ont toujours un cours uniforme? A-
vez-vous jamais compris l'éclat & l'immenfité de ces aftres qui nous paroiffent
autant de Mondes divers? avez-vous
encore jamais compris le myftère éternel
des Philofophes; je veux dire, les fur-
prenans effets du tonnere? avez-vous
jamais compris quelle eft la force môtri-
ce de ces fecouffes terribles qui dans un
inftant ébranlent la maffe entière de
l'Univers? Si donc tout eft prefque in-
compréhenfible dans la Nature, pourquoi n'exiger que de l'évidence dans les
Myftères de la Divinité? Voilà, voilà les
fruits heureux de l'orgueil: on veut tout
pénétrer, & on ne peut rien comprendre. Eh! Meffieurs, ne donnex pas un
effor fi rapide ê la petiteffe de vos ef-

prits;

prits; ne l'élevez pas si fort au-dessus de sa sphère. Craignez le sort infortuné d'un Icare, craignez qu'il ne devienne semblable à ces vapeurs subtiles, qui vont se dissiper dans la moïenne région des airs. Descendez un instant pour éviter le danger; votre chûte seroit d'autant plus rapide, qu'elle seroit plus élevée. Portez vos regards sur vous-mêmes: vous êtes-vous encore jamais connus? Votre cœur n'est-il pas pour vous une énigme? Me direz-vous comment le plus petit mouvement s'opere en vous? O présomption! ô folie! On ne se connoît pas soi même, & on veut pénétrer tout ce qui est au dessus de nous-mêmes. Messieurs les Esprits forts, je n'ai maintenant qu'on mot à vous dire: pendant que les passions sont dans toute leur vigueur, pendant que vous jouïssez d'une florissante santé, les terribles vérités de la Religion ne font aucune impression sur vous; mais quand affoiblis par le poids de l'âge, au moment où vous serez prêts à payer le tribut à la Nature, vous penserez bien différemment. Alors la Religion aura son tour; elle se vengera pleinement de vos railleries, & j'ose assûrer qu'il n'en est aucun de vous qui ne la ré-

réclame. Je vous citerois cent Esprits-forts, qui à l'heure de la mort y ont eu recours, parce qu'alors les préjugés étant dissipés, & l'orgueil de la vie ne se montrant plus sous ses dehors trompeurs, on voit les objets sous une face différente. L'avenir nous fait trembler, & dans l'incertitude du sort, qui nous attend, on préfere toujours le certain a l'incertain, la vérité au doute, & la foi à une présomptueuse raison. Heureux ceux, à qni le Dieu vengeur veut bien faire grace, quoiqu'ils ne lui donnent que ce que la crainte leur arrache alors !

Toute la compagnie fut charmée du discours de Mr. l'Abbé, & quoique je visse bien qu'elle n'étoit guères disposée à en profiter, je ne laissai pas que de ressentir une satisfaction intérieure, de voir leurs raisons réfutées avec a.tant de solidité. Nous nous levâmes de table, & fûmes nous promener dans le jardin, où il y avoit dans le fonds un grand cabinet de verdure. Après quelques tours d'allées, la compagnie vint s'y asseoir On entra d'abord en matière sur la Littérature. On siffla les mauvais Auteurs, on badina les rimailleurs & tous les vils insectes du Parnasse. Mr. de Voltaire avec

son

son flux d'enthousiasme ne se lassait point
de faire de grandes peintures sur le dé-
périssement des Sciences en général, sur
la Philosophie, la Poésie & sur tous les
genres de Philologie. Il n'accordoit le
don du génie qu'à un très petit nombre
d'Auteurs, il ne manquoit pas de se mettre au rang suprême; & l'on s'apperce-
voit aisément que les louanges, qu'il leur
prodiguoit, réflechissoint toujours sur
lui même. Quelle manie, disoit-il, de
tant vanter les Anciens! quelle ignorance & quelle stupidité n'apperçoit on pas
dans leurs Ecrits? Homere est il autre
chose qu'un peintre à idées gigantesques,
qu'un verbiageur ennuyeux, qui nous
présente des héros aussi ridicules que comiques? Qui peut à présent supporter sa
fastidieuse lecture? Quel plaisir peut-on
éprouver à voir une troupe de guerriers
s'invectiver, comme des Crocheteurs,
avant de combattre; de les voir unis
aussitôt que divisés, s'asseoir auprès d'u-
ne table de pierre, dévorer des animaux
en entier, lutter corps contre corps, & se bat-
tre, comme les faiseurs de coups de poing
ont à Londres? Quel mérite a un Horace?
Il a, il est vrai, quelques Vers assez pi-
quans; mais leur obscurité fait soupçon-
ner

ner leur foiblesse. Il est petit là ou il veut être grand, & sublime quand il doit être simple. Ovide, le fuiseur de Romans & de Métamorphoses, n'endort-il pas à chaque instant par ses Acteurs fabuleux? Virgile, avec ses bœufs, ses chèvres & sa charrue, ne semble-t-il pas nous confiner dans le fonds d'une chaumière? Le prolixe César, le laconique Tite-Live, le doucereux Suétone, l'ampoulé Tacite peuvent-ils être comparés à la plus simple de nos brochures? Ont-ils jamais eu pour panégyristes qu'une Dame simple & idiote, ou quelques vieux radoteurs du siécle passé? La pauvre Dacier s'est morfondue à couvrir leur nudité; qu'a-t-elle gagné? elle les fait décrier, mépriser, & au-lieu de l'ignorante vénération qu'on avoit pour eux, on ne leur a donné qu'un mépris éclairé. Si nous venons aux siécles moins éloignés du nôtre, quelle barbare ignorance n'appercevons-nous pas? Nul vestige de Science, nul goût pour les Arts; une nuit profonde étoit répandue dans tout notre hémisphere. Quelques Moines savoient lire, écrire, chanter; telle étoit la science de ces tems. Un nouveau jour brille à nos yeux, mais si foible enco-

core, qu'à peine on peut les ouvrir? Le
sage Léon X., le preuz François I. font
honneur au savoir; mais on voit encore
des enfans sans souci, des Chevaliers de
la Bajoce. Un Corneille, un Sha-
kespear paroissent ensuite. Leur génie
étoit grand, il est vrai; mais on pouvoit
les comparer à un diamant brute, qui a-
voit besoin de la main de l'ouvrier. L'A-
riofte, le Tasse, le Camoëns, le Trissin
ponvoient figurer encore; mais ils a-
voient endossé la cuirasse' le casque &
l'armet du Chevalier de la triste figure.
Pour ce qui est de quelques Auteurs du
siécle passé & de ceux du présent, con-
fultez mon *Temple du Goût;* vous les verrez réduits à leur juste valeur. Ils sont
drapés comme ils le méritent ; & à l'ex-
ception de quelques-uns de mes amis, je
les ai si long tems laissé frapper à la porte, qu'ils en sont morts de froid & d'ennui.

Cela est fort bien fait, dit Mr. d'A-
lembert. Eh! que diantre alloient ils
faire aussi dans cette galère? Tous nos
Poëtereaux, nos faiseurs de Romans &
d'Anecdotes, nos petits Historiographes

ne vous le pardonneront aſſûrement pas :
les fourmis du Parnaſſe vous aſſailliront
de toute part, & je crains que vous ne
ſubiſſiez le ſort de la taupe comique du
Tanzaï. Vous avez réformé, tranché,
coupé : mais que direz vous de nous autres Encyclopediſtes, nous qui étonnons
l'Univers par la vaſte étendue de nos
connoiſſances; nous qui prétendons ré-
duire le ſavoir univerſel dans quelques
Volumes; nous qui préſentons à tous les
peuples de la terre une Religion nouvelle, amie de la Nature qui ne la contraint
en rien; nous enfin qui ſommes regar-
dés comme les oracles des Sciences? Ah !
ſans doute nous deviendrons les Miniſtres & les Juges de ce Temple : vous
nous en confierez la garde, & nous vous
promettons d'en être le Gouverneur.

Oh ! pour le coup le deſſein eſt charmant, dit Mr. de Monteſquieu ; mais
que deviendriez vous, ſi par hazard
quelqu'un s'aviſoit d'y mêler des mar-
chandiſes de contrebande, ſi quelque Col-
porteur ſe gliſſoit furtivement dans le
Temple? Il faudroit du moins établir
quel-

quelque marque, à laquelle on pût reconnoître ceux qui doivent y être admis, ou exclus. Voici à quoi l'on pourra les reconnoître On leur demandera premiérement de quel païs ils viennent, quelles sont les mœurs de leurs concitoïens, quelle est leur Religion; en second lieu quel a été leur talent, leur profession, à quel genre d'étude ils se sont adonnés; en troisième lieu enfin s'ils ont été dans le florissant Empire des Cacouhacs, s'ils ont été bien parfumés dans la cassolette d'argent, & s'ils ont perdu la mémoire de la Science infuse qu'on, leur avoit accordée. S'ils répondent: *Nous sommes du païs des Esprits forts*, nous nous moquons de toute vérité; Lucrece fut le premier Roi de la Patrie; Spinosa en fut le Gouverneur; nous avons été en tout fidèles imitateurs de leurs loix; nous ne respectons point les droits de la Religion & de la Nature; ni ceux de l'humanité; nous prêchons à tous les hommes que le néant est la punition du vice & la recompense de la vertu; nous n'en avons jamais fait aucune distinction. Pour des Religions, nous n'en reconnoissons aucune; nous croirions faire outrage à la Divinité que de porter des regards suppliants

plians vers fon Thrône; nous la regardons également comme un Etre trop fu.
blime, pour qu'elle faffe quelque atten.
tion à nos hommages. A l'égard de nos
talens, nous les avons confacrés aux
blafphémes, à des Vers infâmes contre
toute forte de Cultes, à des fatyres fanglantes contre tous les hommes en général & en particulier, à des guerres intef.
tines de Littérature, où nous mettons
l'homme favant au-deffous de l'ignorant
le jufte au-deffous de l'injufte, & quiconque n'eft pas de notre fentiment, au-
deffous de tout ce qu'il y a de plus vil
dans la Nature. Voilà la marque dif-
tinctive qui fervira à nous faire connoître les perfonnages. Pour Monfieur
de Voltaire affis fur fon Tribunal au
milieu de ce Temple, il y faifoit entrer
à fon gré ceux qu'il jugeoit à propos.
Il donna l'exclufion à un certain Abbé Desfontaines, qui, quoiqu'auffi honnête que lui, en étoit cependant indigne. Il avoit ôfé parodier certains
Ouvrages, partis de la plus favante plume de l'Europe; il avoit même lâché
certaines invectives contre leur célebre
Auteur, & cette unique faute lui attira
l'exclufion.

Il se trouva par hazard dans la compagnie un jeune homme de beaucoup d'esprit, parent du Critique disgracié, lequel entreprit vivement Mr. de Voltaire. Il parloit avec autant de sagesse que de fermeté, & il le fit rougir plus d'une fois. Comment, Monsieur, lui dit-il, d'un ton vif & emporté? comment? êtes - vous assez téméraire pour parler si mal d'un homme à qui vous avez tant d'obligation? Que seroient devenus la plûpart de vos Ouvrages, si la plume de célebre Ecrivain ne leur avoit donné la vogue? Mais je ne m'étonne point d'un pareil trait de votre part; on connoît assez Mr. Arrouët, nom qui signifie *Porteclef*; on sait que vous avez renié votre nom, comme Rousseau renia son pere; on sait que dans votre misère ce même nom faisoit votre gloire, & que dès que la fortune vous eut porté sur une de ses aîles, vous ne le crûtes pas digne de vous. A ces paroles, Mr. de Voltaire le regarda d'un œil de courroux, & quitta la compagnie sous quelque prétexte. Le jeune homme, fâché de ce qu'il avoit évité si à propos les vérités qu'il alloit lui dire, s'approcha de moi, & me pria de vouloir bien lui permettre de faire le

H 3   por-

portrait d'un homme, si extraordinaire,
& de rapporter les anecdotes les plus in-
téreſſantes de ſa vie. Quoique je les
ſuſſe pour la plupart, je ne fus pas fâchée de les etendre repeter, ou d'en apprendre de nouvelles. Je deſirois connoître à fond Mr de Voltaire, & me
garantir à l'avenir des piges de ſon eſprit, auſſi bien que de ſon cœur. J'avois
peur qu'après en avoir trompé tant d'autres, il ne me trompât à mon tour.

Vous ſaurez, me dit-il, Madame, que
Mr. de Voltaire eſt un de ces caractères
fourbes & malins, que toute Société doit
avoir en horreur. Son viſage maigre &
décharné, ſon tempérament ſec, la bi-
le brulée, ſes yeux etincelans & mauvais, tout annonce en lui la malice d'un
ſinge, la fineſſe du renard, & le caractère, traitre du chat. Son eſprit cauſti-
que trouve a mordre ſur tout, & n'é-
pargne, ni le ſacré, ni le profane. Il
n'eſt gai que par boutade, ſerieux par
mélancholie, emporté par tempérament,
vif juſqu'à l'étourderie. Souvent il ne
ſait, ni ce qu'il fait, ni ce qu'il dit. Il
eſt

eſt politique ſans fineſſe, ſociable ſans a-
mis, le matin Ariſtippe, & Diogene le
ſoir. Il promet, & ne tient rien; il
commence par la politeſſe, continue par
la froideur, & finit avec dégoût. Il ne
tient à rien par choix, & tient à tout
par inconſtance. Il moraliſe ſans mœurs:
vain à l'excès, il eſt encore plus intéreſ-
ſé. Il travaille moins pour la réputation que pour l'argent: il en a faim &
ſoif; enfin il ſe preſſe de travailler pour ſa
hâter de vivre, & il friponne, ſans vouloir être duppé. Un Auteur l'a encore
mieux dépeint par ces Vers:

Spectre vivant, ſquelette décharné,
Qui n'a rien vû que ta ſeule figure,
Croiroit d'abord avoir vû d'un damné
L'épouvantable & hideuſe peinture:
Mais épluchant le monſtre juſq'au bout
Poëte impie, effréné Philoſophe,
On voit encore, en conſidérant toût,
Que la doublure eſt pire que l'étoffe.

H 4

Je

Je vais maintenant, Madame, vous rapporter le commencement de sa réputation & de sa fortune. A peine fut-il forti du Collège, qu'il eut occasion de se faufiler parmi le beau monde, particuliérement chez le Duc de Richelieu. Madame aimoit beaucoup la Poéfie, & Mr. de Voltaire contribuoit à la perfection de ses petites Piéces. Un jour la Duchesse lui fit présent de cent louis; somme étonnante qui pensa renverser la cervelle du Poëte. En retournant chez lui avec ces cent louis, il apperçoit un caroffe avec deux chevaux & quatre habits de livrée qu'on alloit vendre à l'enchère. Il achete le tout pour les cent louis, cherche des domestiques à crédit, & va courir comme un fou dans toutes les rues de Paris avec ce superbe équipage. Il est fifflé de tous ceux qui le connoiffoient pour ce qu'il étoit. Son pere veut l'affommer de coups, & le force à fortir de chez lui. Vous avez lu fans doute, Madame, la *Volteromanie*, où notre héros est fi bien dépeint. La *Mileboffe* n'est pas moins comique, & fi elle n'étoit pas connue, comme elle l'est, je me ferois un plaifir fingulier de vous la rapporter; mais voici un fait arrivé

au

au sieur Voltaire, & dont très peu de personnes sont instruites. Il avoit un jour lâché dans une compagnie quelques piquantes railleries contre une personne du Sexe, extrêmement aimable. Il s'y trouva par hazard deux Dames qui é-soient fort amies de celles dont le sieur Arrouet avoit si mal parlé. Elles résolu-rent de venger l'injure qui lui avoit été faite. Au sortir de la compagnie, elles furent chez leur amie, & lui rapporte-rent le trait satyrique que Voltaire avoit lancé contre elle. Elles méditerent en-semble le projet de le bien punir. Dans cette vûe elles envoierent un carosse su-perbe avec trois domestiques en livrée étrangère à la maison où étoit encore Mr. de Voltaire. Le plus apparent des trois demande à lui parler, & lui dit qu'un Seigneur étranger souhaitoit d'a-voir avec lui une conversation particu-lière à l'Hôtel de * * *. Arrouet, flat-té d'une si glorieuse distinction, saute en carosse, & foüette cocher. Quand ils furent dans une rue détournée, le cocher arrête. Deux laquais montent dans le carosse, lui bandent les yeux, le pistolet à la main, & continuent leur route; jugez, Madame, du pitoyable

H 5   état

état où étoit le sieur Arrouet. Que de tristes réflexions ne devoit il pas faire? Il croioit toucher à sa dernière heure, & toute la force de sa philosophie ne l'empêcha pas de jetter les hauts cris. Ils arriverent ainsi à l Hôtel de la Dame insultée, qui avec les deux autres s'étoit mise à une des fenêtres de la cour pour avoir le plaisir de voir arriver le pauvre Satyre. Deux domestiques le font descendre aussitôt & le conduisent dans un caveau très obscur, où l'on renfermoit ordinairement le dogue de la maison. On l'enchaîne d'un pied, & on le laisse étendu sur la paille. Il demeura dans cet état jusqu'à huit heures du soir. Que de blasphêmes, que d'imprécations ne profera-t-il pas pendant tout ce tems-là? Il étoit comme un animal enragé, qui déchire à pleines dents la chaîne dont il est attaché. Il appelloit tous les Saints à son secours, lui qui n'en vouloit reconnoître aucun. Sur les neuf heures, il entendit ouvrir la porte de son caveau, & un rayon d'espoir commençoit à luire à ses yeux, lorsqu'il se sentit vivement pressé par des bras fermes & vigoureux. On mit aussi-tôt culotte bas, & on lui fit subir le noviciat des flagellans. Son sang

sang ruisseloit de tous côtés, & pour
toute consolation, on lui dit, en sortant,
qu'il avoit auprès de lui une cruche d'eau
avec du pain bis, pour dégraisser un peu
sa verve satyrique.   Il comprit alors d'où
pouvoit provenir sa disgrace, sans néanmoins deviner qui lui joüoit un si mauvais tour.   En même tems il détesta
la métromanie, & jura dans le fond de son
cœur qu'il renonceroit à un métier si sca-
breux, s'il avoit le bonheur de survivre
à une scène si terrible.   Cependant on
continua de lui faire expier son impru-
dence par le même châtiment pendant
huit jours consécutifs, & à chaque fois
il entendoit une voix sonore & douce qui
chantoit ces petits Vers:

Ta langue impudente & maudite
Un jour te fera périr;
Ton infortune fut prédite
Quand tu commenças à flétrir
Un sexe aimable & plein de charmes,
Qui force tous les cœurs à lui rendre les armes,
Et de céder à la loi du plaisir.

Enfin

Enfin le moment de sa délivrance arriva. Naturellement maigre & décharné, il l'etoit encore plus par le jeûne rigoureux qu'on lui avoit fait garder. Il ressembloit à ces phantômes ambulans, qu'on voit voltiger dans les airs après une sanglante bataille. La scène n'étoit pas encore finie pour lui. On le remit dans le carosse, & après lui avoir lié les pieds & les mains, on fut le planter à trois heures du matin à la porte du Caffé Italien. On l'étendit par terre, & on décampa promptement. Le pauvre Arrouet ne savoit encore où il étoit, lorsqu'un Crocheteur charitable, le voiant dans cet état, lui délia les pieds & les mains, & le mit en liberté.

Que n'aurois-je pas encore à vous dire, Madame, si je voulois vous rapporter toutes les avantures comiques qui lui sont arrivées? Etant à la Haye, il voulut faire connoissance avec un Ministre de beaucoup d'esprit. Celui-ci lui répondit: *Monsieur, quand vous aurez appris à connoître Dieu, vous pourrez alors faire connoissance avec les hommes.* Je vais enfin finir son portrait en quatre mots.

Di-

Dites-lui qu'il est fat, effronté;
Chacun le fait, lui même en fait parade.
Reprochez-lui blafphème, impiété;
C'eft de nectar lui préfenter rafade.
Ajoutez y balafre, baffonnade;
C'eft fon plus clair & plus fûr revenu.
Bref le mignon eft par-tout trop connu,
Pour craindre encore affronts, ni flétriffures,
Et fon falut eft d'être devenu
Invulnérable à force de bleffures.

Laffé d'entendre tant de chofes fcandaleufes de Voltaire; je fus dans mon cabinet me livrer à quelques réflexions. Si les perfonnes d'un génie, même le plus fupérieur, dis-je en moi même, font fujettes à tant de foibleffes & d'erreurs, je dois donc éviter une fociété où j'ai tout à craindre. Un fecret remords s'empara tout à coup de mon cœur; je rougis de ma conduite paffée, je pris une forte réfolution de rentrer dans mon devoir. Trois jours après, je partis fecrettement de Paris pour Lyon. Je fus me jetter aux pieds de mon pere, qui me pardonna, & je vis maintenant dans une parfaite tranquillité d'efprit & de cœur.

SUITE

DE

LA L A Ï S

PHILOSOPHE;

OU

SENTIMENS

DE REPENTIR

DE MADAME D***:

IMITATION DU ROI PROFÉTE PÉNITENT.

NOUVELLE EDITION.

A BOUILLON 1761.

CHEZ PIERRE LIMIER.

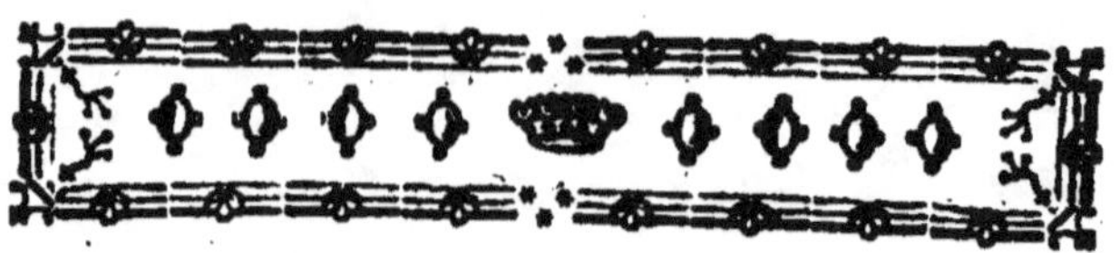

SENTIMENS
DE
REPENTIR
DE M. D***.
A L'IMITATION
DU ROI PROPHÉTE
PE'NITENT. (*)

§. I. §.

Permettez ô mon Dieu ! que l'illuftre
Prophete
D'un cœur vraiment contrit devenu
l'interpréte
Vous demande pour moi le pardon des péchés,
Qui par vôtre Efprit faint lui furent reprochés ;
De mes lâches tiédeurs, & de l'indifférence
Dont (& ce n'eft pas-là Seigneur ! ma moin-
dre offence)
J'ai payé votre amour, ce don fi précieux,
Qui nous donnant la paix, peut feul nous ren-
dre heureux.

a 2   Ah !

(*) Pf. L.

Ah ! lorſqu'à vos genoux je vous demande
                        grace,
Après tant de péchés, je m'accuſe d'audace ;
Mais quand je réfléchis, quelle eſt votre bon-
                        té,
L'éſperance ſuccede à ma timidité ;
Je bannis de mon cœur les trop vives allarmes,
Et c'eſt mon amour ſeul, qui fait couler mes
                        larmes ;
Qui fait gemir ce cœur de crimes abreuvé,
Qui ſe repent enfin de vous avoir bravé.
Vous voyez à vos pieds une ame péchereſſe
Que vous avez aimée avec tant de tendreſſe :
Sans peine, ſans remords, elle a pû vous trahir,
Vous, qu'on doit ſeul aimer, & qu'elle a pû
                        haïr.
J'ai ſans ceſſe entaſſé parjures ſur parjures,
Rebelle au Créateur, ſoûmis aux créatures,
Eſclave de plaiſirs, & vains, & criminels,
Pour eux j'ai negligé l'honneur de vos autels ;
Ardent à vous quitter, inſenſible à vos graces,
Je n'aimois que le Monde, & j'en ſuivois les
                        traces ;
Je m'oubliois moi-même, & ne comptois pour
                        rien
Les devoirs attachés au tître de chrétien :
O mon Dieu, quel état ! mais vôtre patience

De mes égaremens a souffert la licence:
Elle a pû tolerer, au lieu de m'ecraser
Des crimes, que l'enfer pouvoit seul expier;
Vous agissiez en Pere, & vous m'aimiez de
                                      même,
Regardant en pitié l'aveuglement extrême,
Qui m'éloignoit de vous; loin de me rejetter,
Vous m'appelliez à vous, quand j'osois vous
                                      quitter.
Hélas! je reconnois vos bontés, & mes crimes,
Je deteste le Monde, & toutes ses maximes.
Par ses appas flatteurs mes crimes affermis
Rangent une ingrate parmi vos ennemis.
Daignez me pardonner, renouvellez mon ame,
Que vôtre amour divin la mette toute en flam-
                                      me,
Que de vous seul enfin mon cœur soit occupé,
D'un Monde séducteur qu'il soit bien détrompé:
Je reconnois pour moi vôtre bonté suprême,
Disposez de mon cœur, & faites, qu'il vous
                                      aime
Autant, qu'il a, Seigneur, osé vous offenser;
C'est un ardent amour, qui peut seul effacer;
Tant de crimes commis: Oui, Seigneur, quand
                                      je pense
Qu'au lieu de m'accabler d'une juste vengeance
Vous vous êtes soûmis aux plus affreux tourmens

Pour m'en faire un merite en ces triftes momens,
Que ces mêmes tourmens me lavent de mon
crime;
Des plus cruels remords je me fens la victime:
Agréez ma douleur, mon jufte repentir,
Et le défir ardent que j'ai de vous fervir.
Faites, que ce défir regne feul en mon ame,
Et qu'aucun autre objet ne l'ocupe & l'enflame;
Anfin que vous aimant jufqu'au dernier foûpir
Elle puiffe éfperer un heureux avenir.

§. 2. §.

Lorfque je réfléchis, que le Dieu, que j'of-
fenfe,
A bien voulu fufpendre une jufte fentence;
Que j'ai trop abufé de fes frequents bienfaits,
Je me fens accabler du poids de mes forfaits,
Je vois qu'en entaffant le crime fur le crime,
Moi-même j'ai creufé le redoutable abîme,
Où fon jufte courroux doit me precipiter.
Je frémis des tourmens, que j'ai dû meriter,
Enfin quand je rapelle à ma trifte memoire
La depravation, dont je me faifois gloire,
Ma lâche complaifance à flatter mes défirs,
Mon penchant à courir de plaifirs en plaifirs,

Ce

Ce dégoût pour vos loix, pour vous, pour la
       priere,
Ah! que j'ai peu rempli dans toute ma carriere
Les devoirs du chrêtien, que j'ai trop negligés;
Entrainée par le Monde & par ses préjugés
Je m'éloignois de vous, craignant de vous en-
       tendre.
Et pour ne pas repondre à cette voix si tendre
Qui m'appelloit à vous, dure envers le prochain,
Complaisante pour moi seul, pour les autres
       hautain,
Sans pitié pour le pauvre, ambitieuse, volage,
Prompte, & colére, enfin je n'ai fait d'autre usage
Des bontés, dont toûjours vous m'avez prevenû,
Que pour me dégager des loix de la vertu:
De ma perte occupée je m'oubliois moi-même,
Contre moi j'agissois, & contre un Dieu qui
       m'aime,
Au lieu de travailler à faire mon bonheur,
Je me suis abîmée dans un gouffre d'horreur.
Oui, quand je réfléchis à mes péchés sans
       nombre,
Je crois voir le tonnére en un nuage sombre
Tout prêt à me frapper; ou bien un grand rocher
Qui panchant sur ma tête, est prêt à m'écraser.
Vous seul, vous me pouvez préserver de l'abîme,
Que je me suis creusé moi-même par le crime;

a 4

Vôtre

Vôtre bras tout puiſſant peut ſeul me garantir
De ce monſtre cruel, tout prêt à engloutir :
Quoique mon cœur en vous ait toute confiance,
Cependant je le ſens tomber en defaillance ;
Je me crois voir déja devant le tribunal,
Entendre prononcer un arrêt trop fatal ;
Seigneur ! j'ai merité toute vôtre colére,
Je ſuis rebelle, ingrate envers le meilleur Pere,
Je me ſuis ſoulevée contre le Roi des rois :
Pour punir mes péchés tout eléve ſa voix.
Je ſuis par mes forfaits devenue trop coupable
Pour reclamer d'un Dieu la clemence adorable.
Vous pouvez pardonner ; Vous pouvez me pu-
                                        nir ;
Mais comment preſumer en ce jour, d'obtenir
Mon pardon de celui, que j'ai, malgré ſa grace,
Offenſé tant de fois, & même avec audace ?
Que de raiſons pour craindre un juſte chatiment !
Je n'ai point profité de cet heureux moment,
Que m'offroit ſa bonté pour faire penitence,
J'étouffois mes remords, & faiſois reſiſtance
A la voix, qui m'ouvroit le chemin du ſalut :
Plaire au monde, c'étoit de mes vœux le ſeul but ;
Et je me ſuis enfin précipitée moi-même
Dans ce gouffre d'horreurs, dans cet abîme
                                      extrême.
A ce juge irrité qui parlera pour moi ?

                                      Dans

Dans ce jour decifif, & fi rempli d'effroi?
Si ce n'eft la grandeur de fa Mifericorde,
Je n'aurai le pardon, qu'elle ne me l'accorde.
A quel autre qu'à Dieu pourrois-je m'addreffer?
Quel autre en ma faveur voudroit s'intéreffer ?
Tout fujet, dont l'audace ofe irriter fon maître,
Abandonné de tous eft profcrit comme un traître;
Ses proches, fes amis, declament contre lui,
Son nom eft en horreur, il n'a plus nul appui;
On voit avec plaifir préparer le fupplice ,
Qui punit fes forfaits, & confond fa malice.
Celui, que j'ai trahi, dont j'attaque les loix,
Eft le Maître du Ciel, le Souverain des Rois,
Comme au plus haut des Cieux il regne fur la
                                        terre,
Il peut à chaque inftant me lancer fon tonnere,
Il connoît de mon cœur le plus fecret repli,
Il fait ce que j'ai fait, & que je l'ai trahi,
On ne peut devant lui ni fe cacher ni feindre,
Je ne faurois le fuïr, il peut toûjours m'attein-
                                        dre;
Il peut, & doit, punir mes défirs criminels
Par des feux dévorans , par des maux éternels.
Malheureufe que je fuis ! quelle eft donc ma
                                        penfée?
Créature orgueilleufe, infidele, infenfée!
Des bienfaits de ton Dieu tu perds le fouvenir,

Et tu ne crains donc plus ce terrible avenir?
Oseras-tu risquer de retomber encore
Dans ces crimes affreux, que ce Dieu juste ab-
      horre?
Ah! Seigneur, je fremis, & mes justes douleurs
M'ôtent la liberté de répandre des pleurs;
Interdite & confuse, l'état où je me trouve,
M'empêche d'expliquer les tourmens, que j'é-
      prouve.
Grace, grace, Seigneur! aîez pitié d'un cœur,
Qui de vôtre disgrace a senti la rigueur.
Hélas n'accablez pas une ame inconsolable!
Qu'elle ait pour le peché ce dégout véritable,
Qui d'un supplice affreux peut seul la garantir,
Et retenir encore le coup prêt à partir.
Qu'elle l'évite, ô Dieu, par une fraïeur sainte
Par l'amour, dont pour vous elle se sent atteinte;
Qu'elle déteste enfin ses fautes, ses forfaits,
Qui la rendroient ingrate envers vous à jamais:
Enfin daignez, Seigneur, me donner cette crainte,
Que du plus pur amour mon ame soit atteinte,
Pour que je puisse un jour chanter avec les Saints
Ces graces, ces bienfaits, que répandent vos mains
Que je puisse avec eux d'une voix unanime
Célébrer le Seigneur, qui pardonne le crime,
Et par moi-même enfin montrer à l'univers,
Jusqu'où va la bonté du Maître, que je sers.

        §. 1. §.

§. 3. §.

C'eſt en vôtre préſence, ô Dieu! que je con-
          feſſe,
Que mon cœur ne peut point ſurmonter ſa
          foibleſſe,
Qu'il eſt dans ſes liens en éſclave arrêté,
Et que vous pouvez ſeul le mettre en liberté;
Oui, mon Dieu! c'eſt vous ſeul dont la main
          ſécourable
Peut briſer les liens, qui me rendent coupable.
Et ce n'eſt que muni de vos dons precieux,
Que je puis ſans rougir me montrer à vos yeux.
Ce Cœur par le penchant s'étoit laiſſé ſéduire,
Et lorſque la raiſon le devoit mieux inſtruire,
L'habitude, & le vice ont vaincu la raiſon,
L'ont ſéduite, egarée, & comme du poiſon
Se ſont ſubitement répandus dans mon ame,
L'ont couverte en entier comme une lépre in-
          fame,
Et ſe ſont tellement emparés de mon cœur,
Que moi-même en ce jour j'en ſuis ſaiſi d'hor-
          reur.
Je veux, mais foiblement, meriter vôtre grace,
Mon cœur eſt trop pervers, & je ſuis tout de
          glace?
Je ſuis une brebis échapée au berger,
Qui même en le cherchant craint de le retrouver.
          O mon

O mon divin Pasteur! daignez m'aider vous-
même,

Venez me sécourir dans ce peril extrême!
Si vous m'abandonnez, quel sera mon appui?
Ah! mon Pere, daignez m'accorder aujourd'hui
Vôtre protection, que seule je désire;
Et soutenez ce cœur, qui pour vous seul soupire!
Comme l'enfant prodigue, helas! j'ai sans raison
Pour suivre mes erreurs, quitté vôtre maison,
Oubliant ce respect, qui t'est dû ô mon pere,
Je n'ai jamais rien fait, qui n'ait dû vous déplaire,
Qui n'ait dû m'accabler de vôtre inimitié;
De mes maux cependant vous avez eû pitié.
Tandis qu'en cet état mon ame étoit réduite,
Vous me cherchiez toûjours, & vous plaigniez
ma fuite,

Et loin de repugner à me tout pardonner
Vous-même me pressiez de vouloir retourner;
Mais cet amour mondain, dont j'étois la victime,
En m'éloignant de vous m'entraînoit dans le
crime,

Craignant la pénitence, & fuïant sa rigueur
Je fuïois le retour, j'en avois même horreur.
O trop aimable époux de mon ame infidéle!
Vous avez chaque jour voulû triompher d'elle,
Vous n'avez point cessé de l'aimer un moment,
Vous avez suspendû le juste châtiment,
Qu'el-

Qu'elle avoit merité ; c'est à vôtre clémence,
Qu'elle doit ce délai d'une juste vengeance ;
Vôtre amour, ô Seigneur ! a différé son sort,
Et l'arrache lui seul à l'éternelle mort.

Que ce divin amour la rende plus fidéle,
Et ne permettez pas, qu'elle soit criminelle.
A l'amour du péché qu'elle sente en ce jour
Succeder les transports du feu de vôtre amour ;
Que le sang de mon Dieu repandu pour mon ame
Entretienne l'ardeur de ma brulante flamme :
Ce sang versé pour moi par un excès d'amour,
De l'amour le plus pur exige le retour.

O côté de mon Dieu, d'où le fer d'une lance
Fit sortir avec l'eau le sang de l'alliance,
Servez-moi de refuge, & d'asile assûré !
Et vous terribles clous, qui sur un bois sacré
Fites mourir mon Dieu pour expier mes crimes,
Venez percer mon cœur des remords lêgitimes.
Que doivent m'inspirer l'excès de ses bontés,
Sa lumiére & ses dons si souvent rejettés !
Que du Sauveur mourant la douloureuse image
Se gravant dans mon cœur, je rende un tendre
                                        hommage
A ce Dieu mort pour moi dans l'excès des tour-
                                        mens,
Et que jabhorre enfin tous mes égaremens.

$.4.$.

§. 4. §.

Malgré tous les excès de mon ame enivrée,
Et que jusqu'à ce point elle s'y soit livrée,
Que l'endurcissement ne lui permettoit plus
D'abandonner le crime & suivre les vertus;
Vous m'avez éclairé du flambeau de la grace.
J'ai vû le noir sentier, dont je suivois la trace,
Mes yeux se sont ouverts pour reconnoître enfin
Après tant de péchés, quel seroit mon destin:
Il est à tout moment present à ma pensée,
Je connois les erreurs de mon ame insensée.
Pourrois-je donc encor, puisque je les connois,
Que je ressens l'horreur d'avoir bravé vos lois,
Pourrois-je différer de faire pénitence,
Quand vous me pardonnez avec tant de clé-
                              mence,
Lorsque vôtre bonté vient me mettre en état
De detester mon crime, & cesser d'être ingrat?

Je puis par mes regrets calmer vôtre colere,
Je puis me corriger, & ne vous plus déplaire,
Eh quoi! voudrois-je encor différer un moment
De sortir sans retour de mon égarement.
Et qui me repondra, lorsque je fuis la grace,
Que vous différerez de punir mon audace
Si dans ce triste état j'eusse subi la mort,

Quelle

Quelle eût été, grand Dieu ! la rigueur de mon
                                        fort ?
Tous ces feux, qu'alluma la divine vengeance,
Dans une éternité puniroient chaque offense :
Mais malgré mes forfaits, & quoique de mon
                                        cœur
Vous aïez éprouvé la coupable tiédeur,
Vous avez eu pitié de mon ame égarée ;
Des bras du seducteur vous l'avez retirée,
Et vous avez permis, que j'aïe enfin connu,
Combien je m'éloignois des loix de la vertu ;
Vous m'avez fait sentir le poids de chaque
                                        crime,
Qui me faisoit tomber dans cet affreux abime,
Où sans vôtre bonté j'aurois déja péri ;
C'est par vous seul enfin que j'en suis à l'abri :
Mais ne retardons plus de mériter la grace ;
Différer à demain, ce seroit trop d'audace ;
Commençons aujourd'hui, puisque nous le
                                        pouvons,
Qui peut savoir demain ce que nous devien-
                                        drons ?
Demain vous me pourriez punir de ma paresse,
Abandonner mon ame à toute sa foiblesse,
Et me priver du saint & salutaire appui,
Auteur des mouvemens, que je sens aujourd'hui.

                                        Ah!

Ah ! mon Sauveur, venez fécourir ma foi-
   blefle,
Affermiffez mon ame, & rendez-la maîtrefle
D'un cœur trop inconftant & toûjours incliné,
A retourner au crime, auquel il s'eft donné :
Que toûjours mes péchés préfens à ma penfée
Excitent les remords dans mon ame affligée,
Et que mon repentir abaiffant mon orguëil,
Je puiffe vous louer jufque dans le cercuëil,
De ce que vous avez encor daigné m'attendre,
Et me forcer enfin, vous-même, à vous entendre !

Quoi ? fe pourroit-il donc, mon Dieu !
    mon Créateur !
Que de vous offenfer j'eûffe encor le malheur ?
Après tant de bienfaits, tant de graces céleftes ;
Pourrois-je retomber dans les erreurs funeftes,
D'où vient de me tirer vôtre fécours divin ?
De retourner au crime aurois-je le deffein ?
Quoi ? je pourrois encor vous declarer la guerre ?
Moi ? qui devant mon Dieu ne fuis qu'un ver
    de terre :
Hélas ! dans mon néant qui peut me foûtenir,
Si je force moi-même mon Maître à me punir ?
Oui, mon Dieu ! je me dis mille fois à moi-
    même,
Que c'eft vous feul, qu'il faut que je craigne,
    que j'aime ;
      Mais

Mais que puis-je, ô mon Dieu! fi vous m'a-
　　　　　　　　　　abandonnez;
Si par vôtre fécours vous ne me foûtenez;
Vôtre grace peut feule étaïer ma foiblefle,
Et me purifier de tout ce qui me blefle.

Rendez-moi donc fidéle à vôtre fainte loi,
Augmentez mon amour, fortifiez ma foi,
Detruifez, ô mon Dieu! la criminelle pente,
Qui ramene au péché mon ame pénitente;
Que tous ces vains plaifirs, dont j'étois en-
　　　　　　　　　　chanté,
Faflent place aux remords de mon cœur agité!
Si je fais quelque vœux, que ce foit pour vous
　　　　　　　　　　plaire,
Que toûjours dans mon cœur un repentir fin-
　　　　　　　　　　cere
Rejette tout défir, qui vous eft odieux,
Prêtez-moi, pour le vaincre, un fécours genereux;
Que toûjours attentif, à ne vous point déplaire,
J'aïe pour les plaifirs un dégout falutaire;
Que j'y trouve toûjours une oppofirion,
Qui force enfin mon cœur d'écouter la raifon!
Menez-moi, comme un guide, aufli fûr que
　　　　　　　　　　fidéle,
Dans le fentier étroit de la vie éternelle ;
Que je puifle éviter ces cruels aflaffins,

　　　　　b　　　　　　　Qui

Qui cherchent à me joindre à leurs affreux
destins;
Mon Dieu! ne mettez point de bornes à la
grace,
Et fondez de mon cœur la trop coupable glace.
Il ne peut, je le fai, meriter vos bienfaits;
Il eſt coupable, ingrat & fouillé de forfaits:
Que vôtre ſeul amour vous ſerve de meſure,
Lui, qui vous fit de l'homme adopter la nature,
Qui vous a fait ſouffrir des affronts ſi cruels,
Par qui ſeul ſont abſous juſqu'aux plus criminels;
Que ce divin amour envers mon Dieu m'ac-
quitte
Du ſang, qu'il a verſé, j'implore le merite!

Mon Dieu! que vôtre amour ſupplée à mon
amour!
Que vôtre feu divin m'embraſe dans ce jour:
Que, d'être à vous, mon cœur ait le bonheur
ſuprême,
Et puiſſe mépriſer tout ce que le Monde aime:
Que vôtre charité s'empare de mon cœur,
Et par vôtre onction en ſoûtienne l'ardeur;
Afin que connoiſſant la grandeur de mes crimes
D'un cœur humilié je ſuive les maximes,
Et que mon repentir envers un Dieu ſi bon,
Puiſſe de mes péchés obtenir le pardon!

§. 5. §.

§. 5. §.

Je me suis revoltée dans le fond de mon cœur,
Contre vous, ô mon Dieu ! contre mon
                                        Créateur;
J'ai fait à vôtre amour la plus sensible injure,
En prodiguant le mien à vôtre créature;
Je menageois le monde, & bravois le malheur
De me rendre odieux à mon divin Sauveur,
Dont tant de fois mon ame a rejetté la grace
Avec une orgueilleuse & criminelle audace;
Hélas! je ressemblois aux sepulcres blanchis,
Ces superbes tombeaux, dont l'orgüeil fait le
                                        prix,
Frivoles monumens d'une folle depense,
Où brille le porphire & la magnificence:
Qui malgré leur éclat ne renferment en eux
Qu'un corps mangé de vers, & qu'un cadavre
                                        hideux.
Je voulois me cacher le remords qui me ronge,
Et m'endormois ainsi sur ce fatal mensonge;
Je voulois conserver ma réputation
En sauvant l'apparence, en sauvant le soupçon;
Mon orgüeil satisfait de ce frêle avantage
Etouffoit ces remords, dont le conseil si sage
Etoit trop importun, pour satisfaire un cœur
Plongé dans le péché sans en avoir horreur.
Malheureuse! c'est ainsi que mon ame égarée

 Par

Par une fauſſe paix s'eſt ſouvent raſſurée,
De la loi de mon Dieu ne voulant rien ſavoir,
Criminelle en ſecret, & contente de me voir
Eſtimée d'un public qui me rendoit hommage
Pour quelques vains dehors, & pour ſon avan-
        tage.

Quoi? parceque mon crime eſt peut-être ſecret,
Dois-je en être affranchie d'un trop juſte regret?
Ai-je pû des remords étouffer le murmure?
Non. Quoiqu'on ignorât, que je ſuis une parjure,
Je le ſentois trop bien, pour que mon triſte cœur
N'en detéſtât le tître, & ne l'eût en horreur.

Mon Sauveur, & mon Dieu! pardonnez-
      moi mes crimes,
Brûlez mon cœur du feu de vos graces ſublimes,
Afinque les bienfaits à nos peres promis
Aujourdhui par vous-même en moi ſoïent ac-
       complis:
Ne me puniſſez pas ſelon vôtre juſtice,
Et ne me livrez pas à l'éternel ſuplice;
Je connois mon néant, & je vois aujourdhui
Que je m'efforce envain ſans Dieu, ſans ſon appui:
Que je n'ai d'autre éſpoir qu'en ſa miſericorde,
Et que pour me ſauver, il faut qu'il me l'accorde.
Hélas! que deviendrois-je en ce jour plein
       d'éffroi

         Si

Si ce juge éclairé n'avoit pitié de moi,
Si sans compassion, ce Dieu juste & terrible,
Ce Dieu, que j'offensai, devenoit inflexible!
Rien ne peut dissiper ma trop juste terreur;
Vôtre seule promesse, ô mon divin Sauveur!
Peut rassurer mon ame incertaine, eperdüe,
Qui n'ose, qu'en tremblant, lever sur vous la
                                      vûe.
Effraïée du destin, que j'ai trop mérité,
Mon unique ressource est en vôtre bonté.
Dans la nuit du péché mon ame ensevelie,
Vous ayant offensée tout le tems de ma vie,
Croïoit que son desordre aux mortels inconnu
A leurs regards trompés tiendroit lieu de vertu.
Quelle confusion, & quelle honte extrême!
Mes crimes sont connus de cet Etre suprême;
Il n'est que trop constant, qu'il a vû mon péché,
Rien à ses yeux perçans ne peut être caché.
On ne peut vous tromper, mon Dieu, par l'ap-
                                   parence,
Vous lisez dans un cœur ce qu'il veut, ce qu'il
                                    pense;
Je ne pouvois former un désir criminel,
Que vous ne le vissiez dans ce cœur sensuel:
Ainsi donc j'offensois vôtre bonté divine
Succombant à vos yeux, au goût qui me domine.
Ce n'est pas seulement, ô mon divin Sauveur!

La grandeur des forfaits, qui bleſſe vôtre cœur,
Comme vous êtes ſaint, toûjours pur, toûjours
　　　　　　　　　　ſage,
Vous haïſſez le crime, & même ſon image;
Pour remplir nos devoirs, les moindres lâche-
　　　　　　　　　　tés,
La pareſſe & l'orgueil, par vous ſont deteſtés.
Vous voyez des erreurs, que j'apperçois à peine;
Combien de fois je céde au torrent, qui m'en-
　　　　　　　　　　traîne,
Je prends mille péchés, que je devrois matter,
Pour des ſcrupules vains, que je puis rejetter,
Et pour ne pas troubler le repos de mon ame,
Je crois même innocente une conduite infame,
Sans réfléchir jamais au ſupplice éternel,
Que me peut attirer ce repos criminel,
Sans penſer que je ſuis dans le chemin du crime;
Que l'Eſprit tentateur a toûjours pour maxime
De ne point hazarder d'attaquer bruſquement,
Mais de nous entraîner imperceptiblement,
Nous éloignant de vous, nous privant de vos
　　　　　　　　　　graces,
Et cachant avec ſoin, que nous ſuivons ſes traces:
C'eſt par la moindre erreur, ſans s'en apperce-
　　　　　　　　　　voir,
Qu'on perd le ciel de vûë oubliant ſon devoir,
Et qu'enfin endurci dans une erreur funeſte

　　　　　　　　　　　　On

On ne peût s'arracher au penchant qu'on deteſte.
On tombe dans l'abîme, & capable de tout
On pouſſe de ſon Dieu la patience à bout.
    Ne permettez donc pas, ô Dieu plein de
                clemence
Qu'aïant au tribunal, qui remet chaque offenſe,
Accuſé mes péchés avec contrition,
Et que vous en aïant demandé le pardon,
Pour en commettre encor mon cœur ſoit aſſez
                lâche,
Et puiſſe ſe ſouiller d'une nouvelle tache;
Non, non, plus de péchés. Mon Dieu! par-
                donnez - moi,
Que de vôtre promeſſe on connoiſſe la foi,
Pardonnez! en vous ſeul je mets ma confiance,
Vôtre miſéricorde eſt ma ſeule éſpérance;
J'aimerois mieux mourir que de vous offenſer:
De grace, empêchez-moi ſeulement d'y penſer;
Hélas! je ne puis rien ſans vous, ſans vôtre
                grace;
Si vous ne l'échauffez, mon cœur ſera de glace;
Daignez donc ſoûtenir le propos, que je fais,
De ne plus, ô mon Dieu! vous offenſer jamais;
De ce feu tout divin embrâſez donc mon ame,
Que je ſois conſumé de vôtre ſainte flamme,
Qu'elle éteigne en mon cœur les déſirs criminels,
Pour ne plus l'attacher qu'à des biens éternels;
            b 4   Ne

Ne me puniffez pas de mes erreurs funeftes,
Et faites-moi jouïr de vos faveurs céleftes:
Pardonnez, pour montrer vôtre fidélité,
Et des oracles faints, quelle eft la verité.

---

§. 6. §.

Mon Dieu! que des humains la miſére eft
extrême!
Nous ſommes tous conçus par une loi ſupréme
Coupables devant vous du crime originel:
Je ne l'ai point commis, & je ſuis criminel.
Dieu nous avoit proſcrits, mais ce Dieu, qui
nous aime
Eft venû nous laver dans les eaux du Baptême;
Ces ſalutaires eaux nous ont régenerés,
Et des feux éternels nous aîant préſervés,
Nous ouvrent le chemin du Roîaume célefte,
A moins que le péché par un penchant funefte
Ne nous chaffe à jamais de cet heureux ſéjour,
Qu'un Dieu nous préparoit par ſon divin Amour.
Puis-je rendre, ô mon Dieu ! vôtre clémence
vaine,
Succomber ſans remords au péché, qui m'en-
traîne,
Oublier vos bienfaits, vôtre loi, mon devoir,
Et de vous voir un jour, abandonner l'éſpoir?
Quel

Quel est mon infortune ! hélas ! lorsque j'y
pense,
Mon Dieu m'avoit rendû ma premiere inno-
cence,
Cependant j'ai perdû ce trésor précieux,
Et je me suis souillé pat des péchés affreux.
Mon ame, ô mon Sauveur ! avoit été conçue
Par le prémier coupable, corrompuë,
Vous l'aviez effacé sans qu'elle ait profité
De cette grace insigne, & de cette bonté :
Par quel bonheur, Seigneur ! ai - je merité
d'être
Au nombre des élus, dignes de vous connoître ?
Tant d'autres cependant auroient bien mieux
que moi
Merité cette grace, en suivant vôtre loi.
Quelle est pour tous vos soins l'horrible ingra-
titude,
Dont mon ame sembloit, s'être fait une étude ?
Je devois vous aimer & n'ai pû vous haïr,
A vôtre sainte loi j'ai pû désobéïr,
J'ai fermé dans l'excès de ma folie extrême
Tout accès dans mon ame à l'auteur de moi-
même ;
Que ne dois - je pas craindre ? & comment ex-
cuser
Des crimes, dont il faut devant Dieu m'accuser ?

Ma confcience emuë en fent tout le reproche,
Elle veut, que mon cœur de fon Dieu fe rap-
                  proche;
Mais que puis-je éfpérer, puifque vôtre bonté
Ne fauroit l'emporter fur ma perverfité?
Créature orgueilleufe, encore ingrate,
Je voudrois vous aimer, mais le péché me
                  flate;
Je cherche à diffiper de trop juftes remords;
Et pour vous oublier je fais tous mes efforts:
C'eft en vain que mon ame eft quelque fois
                  contrainte,
De céder à la grace, & d'en fentir l'empreinte,
Dans ce que fait fans ceffe un Dieu pour la tou-
                  cher;
J'ai beau voir mon défordre, & me le repro-
                  cher,
Lorfque j'en veux fortir je me fens à la gêne,
Ma réfolution eft trop foible, elle eft vaine;
Je n'ai point de ferveur, je fuis tout abatu,
Et ne puis me réfoudre à fuivre la vertu.
Mon ame eft devant Dieu telle qu'une étran-
                  gere,
Qui ne fait point parler la langue néceffaire;
Je ne faurois trouver de termes dans mon cœur:
Cette ame infortunée autant que pèchereffe,
Ne fent que les dégoûts, l'ennui, la féchereffe.
                  Sergi-

Serai-je donc toûjours occupée des objets,
Qui me condamneront à d'éternels regréts?
Quoi? c'est donc vainement, que je vois l'ar-
tifice,
Qui par un beau chemin me conduit au fup-
plice,
Et qui me féduifant d'un charme empoifonneur
Sous des dehors heureux, triomphe de mon
cœur?
Ne puis-je regarder la beauté veritable
Du célefte féjour, pour nous fi défirable?
Non, mon divin Sauveur! fi vous n'ouvrez
mes yeux!
Ils ne pourront jamais s'élever vers les cieux,

Hélas! pour mon malheur je me trouve fem-
blable
Aux prifonniers fortans d'un cachot effroyable,
Qui trop accoûtumés à vivre dans la nuit
Ne peuvent foûtenir la clarté, qui leur luit;
Après avoir vécu dans une nuit funefte
Je ne puis regarder vôtre beauté célefte,
Je ne puis foûtenir vos rayons éclatants:
Donnéz-m'en le moyen, de vous feul je l'at-
tends,
Attirez-moi vers vous par cet amour fuprême,
Je n'appartiens qu'à vous, faites, que je vous
aime;
Ne

Ne permettez donc plus, que cet éfprit d'erreur
Triomphe de mon ame, & féduife mon cœur :
Comme je fuis à vous ; à vous feul je m'ad-
dreffe,
Gardez-moi des dangers, fécourez ma foibleffe,
Daignez fur moi jetter un regard paternel,
Qui puiffe me fauver du trépas éternel,
Après tant de bontés, dont mon ame eft com-
blée,
Ne fouffrez plus, grand Dieu ! qu'elle refte
égarée.

Je me fens criminelle, je l'avoüe, il eft vrai,
Mais je fuis vôtre enfant, toûjours je le ferai,
Vous m'avez adopté, vous m'avez donné l'être,
Vous m'avez accordé le bonheur de connoître,
Que vous êtes mon Dieu, mon Pere, & mon
Sauveur,
Ce font ces tîtres-là, qui raffurent mon cœur ;
Ainfi, mon Dieu ! daignez excufer mon offenfe :
C'eft avec le péché que nous prenons naiffance ;
Nous fommes tous conçus dans les iniquités,
Et nous ne pouvons rien, lorfque vous nous
quittez.
Mon doux JESUS ! mon Dieu, mon adorable
Pere !
Portez fur mes péchés un regard moins févére,
Sauvez-moi ! vôtre bras peut feul me fécourir,
Et fans lui je ne puis éviter de perir.

§. 7. §.

§. 7. §.

O mon Dieu ! j'ai toûjours reſſenti dans moi - même
De la divinité la puiſſance ſuprême ;
Combien de fois, hélas ! ma conſervation
M'a fait dans les dangers reclamer vôtre nom !
Mon éſprit, par la foi me donnoit à connoître,
Que vous êtes mon Dieu, que je vous dois mon être ;

Vôtre grace puiſſante imprimoit dans mon cœur
Les traits de vos bontés, & de vôtre grandeur :
Frappée de la ſplendeur de cet Aſtre ſuprême,
Qui pourtant n'avoit pû ſe former par lui-même,
Je voyois par mes yeux, qu'un Créateur puiſſant
Avoit pû ſeul créer cet être ſurprenant :
De ces corps merveilleux le magnifique ouvrage
M'annonçoit un auteur auſſi puiſſant que ſage,
J'ai connû cet auteur, leur créateur, le mien.
J'ai ſenti, qu'il étoit le ſeul ſouverain bien ;
Sa voix qui penetroit juſqu'au fond de mon ame,
M'a dit en le gravant avec des traits de flamme,
Que je dois être à lui, qu'il me comble de biens,
Que j'exiſte par lui, qu'à lui ſeul j'appartiens.

Je voulois lui donner mon ame toute entiere :
Mais j'ai ſuivi bientôt toute une autre carriere,
Du ſentier où j'étois, j'ai detourné mes pas ;

J'ai

J'ai cherché d'autres biens ne les connoiſſant
                              pas;
J'ai ſuivi de mon cœur la coupable inconſtance,
La vertu me prêtoit en vain ſon aſſiſtance,
Des amis corrompus m'entraînoient malgré moi,
En flattant mes défauts, ils attaquoient ma foi:
Mon ame du poiſon des vains plaiſirs atteinte
S'éloignoit de ſon Dieu, ſans remords & ſans
                              crainte;
Au point qu'il a fallû pour retourner à lui,
Que je fuſſe rongé de chagrins & d'ennui,
Et que Dieu par bonté frappât ce cœur coupable
Par des adverſités, dont la rigueur l'accable;
Pour lui faire quitter ces chemins corrompus,
Et pour le ramener au ſentier des vertus;
Oui, pour me convertir, vous frappiez ſans
                              m'entendre
Sachant, que de vos coups je voulois me défen-
                              fendre:
Sachant qu'en conſultant un frivole déſir
Mon cœur à ces revers n'auroit pû conſentir;
Vous m'avez enlevé, mes amis, ma fortune,
Vous ne m'avez laiſſé, que ce qui m'importune;
Vous m'avez préſenté des ſpectacles affreux,
Vous m'avez allarmé par des maux dangereux;
Confuſe, humiliée, d'avoir perdû ma gloire
J'ai vû mes ennemis célébrer leur victoire:
                              D'amis,

D'Amis & serviteurs inconnûe, delaissée
J'implorois leurs secours ; mais je fus refusée.
Tout l'univers enfin m'est devenu contraire,
Je ne pouvois m'aider, je ne savois que faire ;
Je ne savois pas même où jetter mes regards,
Et je ne rencontrois qu'horreurs de toutes parts ;
Mon cœur dans cet état de douleur, de misère,
Etoit comme un roseau, que les vents en colére
Font le triste jouet de leur rage affreuse ;
Malheureuse, criminelle, à moi-même odieuse :
Le deséspoir etoit mon unique ressource,
Et bien loin de guérir tant de maux dans leur
       source
Je voulois follement punir mes ennemis,
De l'état déplorable où le ciel m'avoit mis.
Loin de remédier à mon désordre infame,
A de nouveaux désirs j'abandonnois mon ame,
Le crime avoit pour moi toûjours le même ap-
       pas,
Je détestois mes maux ; & je ne sentois pas,
Que de vôtre bonté venoit toute ma peine,
Qui m'indiquoit comment appaiser vôtre haîne.
Au plaisir vous m'avez arraché malgré moi
Connoissant ma paresse à suivre vôtre loi,
Sachant que je n'aurois jamais eû le courage
De rompre mes liens pour sortir d'ésclavage ;
Dans l'asile où je suis, vous m'avez seul conduit
       Pour

Pour parler à mon cœur dans ce sacré reduit,
Pour vous faire écouter, & m'apprendre à con-
       noître,
Que vous voulez, mon Dieu! vous seul, être
      mon maître;
Que je renonce au monde, aux plaisirs, à l'erreur,
Pour que vous regniez seul dans le fond de mon
      cœur:
C'est vous, qui pouvez seul rendre mon ame
      heureuse,
Connoissant de mes maux la source dangereuse,
Ils feront bientôt place à la tranquillité,
Si je sers mon Sauveur avec fidelité.
C'est dans ce lieu si saint que je puis toûjours être
A l'abri des erreurs, que je viens de connoître,
Où je puis amasser ces trésors précieux,
Qui nous font mériter le royaume des cieux.
Mon Dieu! je vous rends donc & mille & mille
      graces
Des maux que j'ai soufferts, de toutes mes dis-
      graces:
De m'avoir enlevé ce qui m'étoit si cher,
Puisque je ne pouvois encor m'en détacher;
Echauffez, ô mon Dieu! mon amour & mon
      zéle,
Faites que je vous sois jusqu'à la mort fidéle,
Que mon cœur soit à vous, sans plus se parta-
      ger,
       Qu'il

Qu'il ne foit plus volage, ìnconftanr, ni léger.
Vous avez diffipé les tenèbres de l'ame,
Que vôtre amour divin à chaque inftant l'en-
      flamme,
A finque méprifant le monde & fes faux biens,
Elle rompe à jamais fes dangereux liens.

§. 8. §.

Vôtre grace puiffante eft ma feule éfpérance,
 Je fai, que j'ai commis offenfe fur offenfe;
Mais malgré ce qui peut irriter contre moi
Un Dieu, dont le courroux doit me glacer d'éf-
      froi,
Je ne puis m'empécher dans ma douleur amère,
D'expofer à fes pieds l'excès de ma misère;
Oui mon Dieu! mon Sauveur! mon unique
      recours!
Sans vous, fans vôtre grace, & fans vôtre fé-
      cours
En vain je me difpofe à faire pénitence,
Je me propofe en vain d'expier chaque offenfe:
Vous favez mieux que moi, quels font mes
      fentimens,
Et fi je veux fortir de mes égaremens.
Souffrez donc, ô mon Dieu! que mon cœur
      vous conjure,
   c   D'avoir

D'avoir quelque pitié de vôtre créature :
Delivrez-la des fers d'un monde séducteur,
Que les piéges cachés de l'Esprit tentateur,
Dont je sens, que j'ai peine encore à me dé-
                                        fendre,
N'étouffent point la voix, qui veut se faire en-
                                        tendre,
Et d'un Dieu, qui veut bien oublier mes forfaits,
Ne me fassent plus perdre & la grace, & la paix.
Mon Dieu! purifiez de mon cœur la soüillure,
Lavez, lavez mon ame, afin qu'elle soit pure,
Elle recouvrera sa premiere splendeur
Lavée avec le sang de son Liberateur :
Je ferai pénitence avec un cœur sincére,
Bien loin de l'éviter, je la crois nécessaire;
Hélas! je m'en éloigne imperceptiblement,
Et mon ame la craint, en vous la demandant.

Mon Dieu! qu'est-ce qui peut égaler ma
                                    foiblesse?
Je crains d'abandonner ce monde, dont l'yvresse
Plaît encore à mes yeux; & malgré ma douleur
Je ne puis le quitter pour plaire à mon Sauveur;
Je ne réfléchis point à la peine éternelle,
Dont je suis menacée, vous étant infidéle;
Je serai de mon Dieu séparée pour toûjours,
Accablée de tourmens, sans éspoir, sans sécours!
                                        Juste

Juſte punition, mais incompréhenſible,
D'être ſourd à lā voix de ſon juge inflexible.
Il ne faut qu'un moment, qu'un trépas imprevû
Pour me mettre hors d'état, quand je l'aurois
voulu,
D'éffacer mes péchés en faiſant pénitence;
Je ne pourrai changer ma derniere ſentence,
Et je ſerai perdu dans ce gouffre d'horreurs,
Où les gémiſſemens, les plaintes, & les pleurs
De tant de criminels ſont le juſte partage,
Où le vain repentir, le deſéſpoir, la rage,
Le ſouvenir cruel de ſes moindtes forfaits
Sont un ſupplice affreux, qui ne finit jamais.

Mais hélas ! c'eſt en vain, les pleurs ſont
inutiles,
Les ſources de ſalut ſeront alors ſteriles,
Nos plaintes, nos ſoûpirs n'étant plus écoutés;
D'un Dieu qui nous aimoit, nous ſerons rejettés.
A quoi donc m'expoſai-je ? ô JESUS adorable !
A quel aveuglement à quel ſort déplorable !
Quoi donc ? pour un plaiſir frivole & paſſager,
Dont le monde flattoit mon éſprit trop léger,
Que je n'ai pû goûter ſans mélange, & ſans
peine,
Pour ſuivre mon penchant, mon caprice, ma
haîne,

C 2
Pour

Pour céder aux défirs d'un cœur impétueux,
Pour pouvoir contenter mes vœux ambitieux,
Pour mieux fubjuguer ceux, qu'une éfperance
vaine
Attachoit à mon char par une indigne chaîne,
Pour avoir le fuffrage, & l'encens d'un mortel,
Peut-être plus que moi méchant & criminel;
Pour pouvoir l'engager, le féduire, & lui plaire,
J'oubliois mon falut, ce point fi néceffaire;
Je me perdois fans crainte, hélas! & pour toû-
jours,
De ma foible raifon je fuîois le fécours.
Perdre d'un Dieu fi bon à jamais la préfence:
Se feparer de lui ? . . . je tremble, quand j'y
penfe.
Mes éfprits effraîés ne fauroient s'arrêter
Sur ce trifte avenir, que je dois redouter,
Sur cette éternité de peine, & de fouffrance,
Sur ce fatal moment d'où dépend ma fentence,
Sur ce paffage enfin de la vie à la mort,
Qui doit en un inftant décider de mon fort.

Cependant, ô mon Dieu! qu'eft ce que nôtre vie ?
Une vapeur, un fonge, un moment, qui s'ou-
blie:
Comparons ce moment avec l'éternité,

Il fait à peine un point de cette immensité.
Toute fois pour ce point, ce point imperceptible,
Je risquois un supplice, éternel & terrible,
J'avois tous les moyens de faire mon bonheur,
Et ne puis imputer qu'à moi tout mon malheur,
Dieu m'en laisse le choix en me laissant en vie,
Je puis me faire encore un sort digne d'envie;
Je puis trouver un rang parmi les bienheureux,
Ou souffrir dans l'enfer avec les malheureux;
Mais tel est de nos cœurs l'égarement extrême,
Qu'offensant nôtre Dieu nous nous perdons nous-mêmes
Sans pourtant ésperer d'être recompensés
Du monde, qui nous fuit comme des insensés;
Celui qui pour le monde arrange sa conduite,
Est méprisé du monde, & de ceux qu'il imite:
En manquant de vertu, de probité, de foi,
On a toûjours porté le mepris avec soi.
Ciel! quel aveuglement, & quelle erreur funeste!
Pour le monde on perd Dieu, ce monde nous deteste,
Nous méprisons un Dieu, qui peut nous protéger,
Et Dieu laisse aux mondains le soin de le venger,
Divin reparateur de l'humaine nature!
Mon ame vient de vous, faites qu'elle soit pure!

c 3

Penétré

Penétrée de douleur & de confusion
J'implore vos bontés, j'invoque vôtre nom,
De vos justes rigueurs je serois la victime
Si je n'égalois pas la pénitence au crime ;
Donnez-moi le loisir de corriger mon cœur,
De le purifier, de le rendre meilleur.
Ah ! ne refusez pas d'écouter ma priere,
Mon ame est à mon Dieu, qu'elle y soit toute
entiére !
Qu'elle soit à jamais l'objet de sa bonté,
Et non le triste objet de sa severité.

§. 9. §.

Après m'avoir puni comme un Juge sévére
Daignez, ô mon Sauveur ! me pardonner
en pere !
Je me sens penétrée d'une sainte frayeur,
D'un regard consolant soûtenez-moi, Seigneur !
Dans la crainte, où je suis, ce n'est que vôtre
grace,
Qui peut calmer un cœur, que cette crainte
glace ;
Oui, si de quelques ans je dois encor jouîr,
C'est pour verser des pleurs, & pour me re-
pentir ;
De mes fautes, hélas ! je dois gemir sans cesse,
Et

Et paſſer, ô mon Dieu ! mes jours dans la tri-
              ſteſſe,
La priere, le jeûne, & la componction,
Pour pouvoir m'attirer vôtre compaſſion ;
Car comment de mon Dieu contenter la juſtice,
Si ſa grace pour moi ne ſuſpend mon ſupplice ;
Elle doit de mes vœux être l'unique but,
Sans elle je ne puis éſperer mon ſalut ;
Mais mon cœur de ſon Dieu connoiſſant la clé-
              mence
Dans ſa miſéricorde a tant de confiance,
Que j'oſe le prier & de me prévenir
Dans ma converſion, & de m'y ſoûtenir,
De conſoler ce cœur accablé de triſteſſe
En lui rendant d'un mot le calme & l'alégreſſe :
Oui, mon Pere, & mon Dieu, cette inſigne
              . faveur
Dans un ſaint repentir aſſurera ce cœur.
Hélas ! vous connoiſſez l'excès de ma foibleſſe,
L'irreſolution, les peines, dont ſans ceſſe
Mon éſprit combattu ſe trouve inquieté,
C'eſt un ſable mouvant, qui des flots agité,
Comme ces mêmes flots inconſtant & fluide,
S'échape, & cede au poids d'un ouvrage ſolide.
Ce que vos graces font, le monde le detruit,
Ce monde que je hays, qui toûjours me pour-
              ſuit.

c 4   Ainſi

Ainſi mon Dieu! ſans vous je ne pourrai rien
                                        faire,
Tendez donc vôtre main à cette ame legére,
Conſolez d'un ſeul mot ce cœur trop abatu,
Après l'avoîr puni, montrez-lui la vertu,
Relevez-la, Seigneur! cette ame languiſſante,
Conſolez-la vous même, & comblez ſon at-
                                        tente;
J'en ſuis ſans doute indigne, & je le ſai trop
                                        bien;
Nous devons tout à Dieu, mais il ne nous doit
                                        rien:
Tout-ce que j'ai ſouffert, venoit de vôtre grace,
Vous n'avez pas aſſez châtié mon audace;
Cependant j'oſe encor, Seigneur! vous ſupplier
D'excuſer mes erreurs, & ds les oublier:
Faites-moi part, mon Dieu! de vos douceurs
                                        céleſtes,
Diſſipez dans mon cœur ces allarmes funeſtes,
Que lui donne le crime & ſon énormité,
Embrâſez-moi du feu de vôtre charité,
Elle peut donner ſeule une ſainte aſſurance,
Et d'un pécheur contrit calmer la conſcience;
Je confeſſe, mon Dieu! que ma tîmide voix
Vous demande aujourdhui bien des dons à la
                                        fois;
Mon cœur ambitieux ſollicite, & ſoûhaite

                                        Le

Le bonheur refervé pour une ame parfaite;
Je demande le prix d'un valeureux foldat,
Et je n'ai point encor commencé le combat,
Je ne fuis pas encore entré dans la carriere,
Et mon ame déja veut être la premiére,
Elle demande un prix qu'elle ne doit avoir
Qu'après avoir rempli conftamment fon devoir.
Mon Seigneur! & mon Dieu! que je fuis te-
                                    méraire!
Je n'ai que le défir impuiffant de vous plaire,
Pour operer le bien je n'ai nulle vertu,
Sous le poids de mes maux fans courage abattu,
Je fuis un abregé de la foibleffe humaine,
Un méprifable objet qu'on apperçoit à peine.
J'ai befoin qu'en ce jour vous faffiez tout pour
                                    moi;
Qu'il vous plaife, ô mon Dieu! de ranimer
                                    ma foi.
Daignez m'encourager, & diffipez l'yvreffe
De ces gouts criminels, qui m'obfedent fans
                                    ceffe,
Si vous daignez parler à mon cœur repentanr,
Dans vôtre fainte loi déformais plus conftant,
Il fuivra vôtre voix, il reftera fidéle,
Rien ne ralentira fon ardeur & fon zele.
Vos confolations, vos faveurs ne font pas

C 5   De

De ces frivoles biens, qui n'ont qu'un faux
                               appas,
Qui durent un inſtant; qui bientôt nous de-
                              goûtent,
Qui lorſqu'on en jouît, nous tourmentent;
                             nous coûtent
Le repos, le bonheur, & ce bien ſouverain
Qui ſeul peut ſatisfaire & remplir nôtre ſein:
Vos douceurs ſont bien loin de degoûter une
                              ame,
Plus elle connoit, plus le feu qui l'enflamme,
Rend ſon bonheur parfait, & fait la garantir
De l'ennemi ſecret, qui veut la pervertir;
A tous les contretems elle eſt indifférente,
Et tout autre plaiſir n'a plus rien qui la tente;
L'adverſité, l'exil, l'abandon, le mépris
N'affligent plus un cœur de vôtre amour épris.
Il redoute plus l'orgueil de la naiſſance,
La jalouſe grandeur, la ſuprême puiſſance;
Rien ne peut le tirer de ſa tranquillité;
Au milieu des honneurs rempli d'humiſité,
Et ne poſſedant rien, même dans l'abondance,
Il fait dans les revers admirer ſa conſtance.

Seigneur! voilà l'effet des conſolations
Dont vous comblez les cœurs dignes de ces
                              grands dons;
Mais hélas! ils ne ſont que pour une ame pure;
                              La

La mienne eſt criminelle, infidéle, parjure;
Les cœurs droits, les cœurs purs ne ſont point
                                        éblouis
Par l'eclat de ces biens, que mon ame a ſuivis;
Ils attirent ſur eux l'abondance des graces
Par leur perſévérance à marcher ſur vos traces:
Hèlas! j'en ſuis indigne, & cependant, mon Dieu!
J'oſe par vôtre ſang, offert dans ce ſaint lieu,
Vous demander, Seigneur, cette noble aſſurance,
Qui du cœur des Elus entretient la conſtance,
Dans mon cœur combattu retabliſſez la paix,
Et je célébrerai ſans ceſſe vos bienfaits.

§. 10. §.

Ce n'eſt pas ſans raiſon, mon Dieu! que je
                                        vous prie
De détourner vos yeux des erreurs de ma vie;
Que deviendrai-je, hélas! ſi ſur tous mes écarts,
Si ſur tous mes péchés vous jettiez vos regards?
Ha! je frémis d'horreur, lorſque je vois l'abîme,
Dans lequel je tombois entraîné par le crime,
Je friſſonne, & malgré ces arrêts indulgens,
Que nous portons toûjours ſur nos égaremens,
Mon ame épouvantée, interdite, éperdüe
Ne ſauroit ſoûtenir cette terrible vûë.

Com-

Comment donc doivent - ils vous paroître,
      Seigneur !
Vous mon Dieu ! qui voyez tous les replis du
      cœur,
Vous, qu'on ne peut tromper ; Vous, un mi-
      roir sans tache,
Saint des Saints, qui voulez qu'à vous seul on
      s'attache ?
Comment aurez-vous vû mes coupables desirs,
Mon mépris pour vos loix, mon goût pour les
      plaisirs ?
Ce grand livre de vie, où l'on lit tous les crimes,
Me fait trembler d'horreur, sachant que ces
      maximes,
Que le mensonge enseigne, & que le monde suit,
Dans les derniers momens perdent tout leur
      credit.
Vôtre Incarnation, vôtre Mort, vos souffrances
Ne pourront-elles pas expier mes offenses ?
Ce cœur ne pourra t'-il, quoique si criminel,
Contrit & repentant appaiser l'Eternel ?
Oui, vôtre Sang sacré peut effacer mes crimes,
Il peut fermer pour moi ces funestes abîmes,
Qui doivent engloutir ces malheureux mortels,
Qui vivent corrompus, & meurent criminels ;
La bonté de mon Dieu fonde mon ésperance,
Au Sang de Jesus-Christ, j'unis ma pénitence

        Je

Je confeſſe mon crime avec humilité
Et j'attends mon pardon de ce Dieu de bonté.

O Dieu! rempli d'amour pour vôtre créature!
Effacez mon offenſe, oubliez vôtre injure!
D'un criminel contrit aïez compaſſion,
Que de tous ſes péchés il ait remiſſion;
Il n'oſe s'en flatter, de crainte d'être encore
Plus ingrat, qu'il ne l'eſt envers vous, qu'il im-
plore;
Ces ſentimens, auxquels il veut s'abandonner,
Ne rendent, à vous braver, ſon ame plus hardie,
Et ne mette le comble aux crimes de ſa vie.

Mais mon aimable Maître! il me ſemble
pourtant,
Que j'entends vôtre voix, que mon cœur ſe re-
pent,
Qu'il regarde le ciel comme ſon héritage,
Comme un prix, qui des ſaints doit être le par-
tage,
Qu'il cherche la vertu, ſans laquelle la paix,
Qui fait nôtre bonheur, ne ſe goûte jamais;
Cette même vertu me ſervira de guide,
Elle raſſurera mon ame trop timide,
Je ne veux triompher que ſous ſes étendarts,
De tous ces ennemis, qu'offre de toutes parts

Ce

Ce monde qui voudroit perdre mon innocence,
Et reprendre fur moi fa prémiére puiffance,
Elle m'enfeignera, de quel parfait retour
Je dois payer, mon Dieu! vôtre divin amour.
Elle garantira cette ame criminelle
De devenir jamais à vos loix infidéle.

Ha! détournez vos yeux, afin de ne plus voir
Cet amas de péchés, qui fait mon deféfpoir!
Vôtre miféricorde, & vôtre grace extrême
Attendriffant mon cœur le rendront à lui-même,
Lui feront détefter tous fes égaremens,
Auxquels fuccéderont les plus faints mouvemens.
Mon Seigneur! & mon Dieu! je ferai fi fidéle,
Que je reparerai mes fautes par mon zélé,
Et que mon repentir me rendra déformais
Digne de vôtre grace, & de tous vos bienfaits.

***

§. II. §.

Que pourrai-je fans vous? tous mes efforts
              font vains,
Quand j'aurois le pouvoir du plus grand des
              humains;
Si vous me refufez vôtre divine grace,
Il n'eft point de malheurs, que le mien ne fur-
              paffe;
              Mais

Mais si mon Dieu créant un nouveau cœur en
moi,
Eclaire mon ésprit, & ranime ma foi,
Si de son saint amour il rechauffe mon ame,
Rien ne reffroidira le désir qui m'enflâme :
Je jouïrai de biens, plus grands, & plus parfaits,
Que ceux qui pour mes sens avoient eu tant d'at-
traits.
Quel bonheur que celui d'une ame pure & nette,
Qui n'a point de remords, qui n'est point in-
quiétte !
Quelle felicité, de sentir que son cœur
De tant de passions est enfin le vainqueur !
Quel bien de reposer au sein de l'innocence,
Et de laisser en tout agir la providence,
De jouïr ici-bas de cet état heureux,
Vrai partage des saints, qui n'est que fait pour
eux,
D'entrevoir sans désirs, sans peine, sans envie
Tous les jours differents qui composent la vie ;
De les voir arriver avec un cœur égal ;
Regarder du même oeil & le bien & le mal,
Et d'être en tous les tems qui partagent la vie,
Elevé sans orgueil, ami sans flatterie,
Faisant le bien pour Dieu sans ostentation,
Joignant la modestie à la devotion :
Vertueux sans hauteur, complaisant sans bassesse,

Et

Et charitable à tous par vertu sans foiblesse :
Car c'est-là vertu, de vouloir pour son Dieu
Sécourir son prochain en tout tems, en tout lieu,
De souffrir sans aigreur les chagrins, qu'il nous
      donne,
Sans s'en formaliser, sans s'en psaindre à per-
      sonne,
Et sans se révolter, ni vouloir s'excuser,
Quand même sans raison on nous ose accuser,
Regardant tous ces riens avec indifférence
On est toûjours en paix au sein de l'innocence.
Ce sont là les effets que la vertu produit,
Ce sont là de la grace, & la preuve, & le fruit ;
L'ame toute en son Dieu, n'est plus en elle-même ;
C'est Dieu, qui vit en elle, & fait son bien su-
      prême.
Effets qui conduisez au salut éternel,
Faites vous ressentir à mon cœur criminel !
Que ce désir, mon Dieu ! vous puisse être
      agréaqle,
Achevez de changer ce cœur encor coupable,
Et de le rendre bon autant qu'il fut méchant ;
Opérez, opérez cet heureux changement :
Renouvellez en moi vôtre ésprit de justice
Athlété de la foi, j'entrerai dans la lice,
J'y combatrai mes gouts, ils sont mes ennemis,
Si mon Dieu me protege, ils seront tous detruits.
      Tendez-

Tendez-moi donc, Seigneur! vôtre main fé-
  courable,
Que dans fon repentir mon cœur inébranlable
Malgré tous les travaux, qu'il y doit fupporter,
Marche dans vos fentiers fans jamais s'écarter.
Ah! fi malgré vos loix, dures en apparence,
Je pourfuis mon chemin avec force & conftance,
Je goûterai bientôt la douceur de vos dons,
De ces dons précieux que nous vous demandons.
Il eft vrai que l'éfprit entreprend avec peine
Une route à laquelle aucun plaifir ne mêne:
Que dis-je? dans laquelle il ne voit que douleurs,
Mortifications, ennuis, dégoûts, langueurs;
Mais quoi? ferai-je donc toûjours dans l'éf-
  clavage?
Sur mon devoir le monde aura-t-il l'avantage?
Suivrai-je cet aveugle, ardent à m'entraîner
Dans un gouffre du quel je cherche à m'eloigner?
Ne dois-je pas plûtôt chercher un guide fage?
Je n'ai que deux chemins, & c'eft de leur paffage
Que depend tout mon fort, & mon parfait bon-
  heur?
L'un me conduit au Ciel, l'autre fait mon Mal-
  heur;
Il n'eft point de milieu: l'enfer avec fes flammes,
Ou partager le ciel avec les faintes ames.
Se pourroit-il, Seigneur! que pour fi peu de jours

d

Je

Je veuille balancer entre ces deux séjours,
Et risquer de me voir par mon impénitence
L'objet de vôtre haine, & de vôtre vengeance?
Nonchalant, engourdi dans son oisiveté,
Mon lâche cœur fremit au nom d'austérité,
Il se revolte, il craint de faire pénitence,
Eh! quels sont les motifs de tant de repugnance?
Le cœur d'un pénitent goûte plus de douceurs:
Que le cœur de l'impie en corrompant ses mœurs,
Le cœur du pénitent, a la paix en partage;
Des bontés de son Dieu, ses pleurs lui sont le
                                          gage;
La paix, qu'un pénitent gôute au pied de l'autel,
Est le commencement d'un bonheur éternel.
Ha! quelle est mon erreur! quelle est mon in-
                                          justice!
Si je crois cet état privé de tout délice.
Le pécheur converti goûte au prémier moment
L'ineffable douceur d'un heureux changement,
Il est tout embrasé de cette ardeur céleste,
Il n'a point des remords l'amertume funeste,
Que les faux biens du monde ont toûjours avec
                                          eux;
Toutes les croix pour lui sont des biens précieux,
Plus il en est chargé, plus il a d'avantage;
Quelque fois il se plaint à Dieu, qui le ménage;
                                          Il

Il voudroit plus souffrir pour l'amour de son
                    Dieu,
Et de tous les plaisirs ses maux lui tiennent lieu.

O mon Dieu ! donnez-moi la force & la
                    constance,
Et je suivrai vos loix sans nulle repugnance.
Vous qui voyez mon cœur, ne me refusez pas
Vôtre grace; sans vous je ne puis faire un pas.
Vous connoissez mon ame, & toute sa foiblesse,
Augmentez le remords qui l'agite & la presse;
Car j'avoue, ô mon Dieu ! que je crains quel-
                    que-fois,
Ainsi qu'Adam pécheur, d'entendre vôtre voix,
Je crains de m'arracher au penchant qui m'en-
                    traîne,
Hélas ! à quel penchant ? il merite ma haîne.
Ne m'abandonnez pas à mon égarement !
Faites que je me donne à vous entiérement;
Prenez-moi pour l'objet de vos miséricordes.
Les crimes, les horreurs, les haînes, les discordes,
L'oubli d'un Dieu vivant pour encenser Baal,
Sont du monde le partage impie & fatal :
Mais je m'occuperai de mon heure derniére
Et me figurant être au bout de ma carriere
Je penserai sans cesse au terrible moment,
Où je dois d'un Dieu saint subir le jugement.

d 2   Que

Que ne puis-je, effraié du fort qui me menace,
Par un vrai repentir, qui m'obtienne ma grace,
Suivre la loi d'un Dieu mort pour moi fur la
                                     croix,
Et plûtôt d'y manquer expirer mille fois.

---

§. 12. §.

Je ne puis réfléchir fans un effroi mortel
  Au malheureux état d'un pécheur criminel,
Dont l'endurciffement laffe vôtre clémence
Et vous fait retirer - votre fainte préfence.
O mon Dieu! cet excès de réprobation
Eft funefte à tel point, qu'en vain la paffion
De ces cœurs endurcis par la longue habitude
Et qui du crime font leur principale étude
Voudroit les aveugler au point de parvenir
A penfer fans trembler à ce trifte avenir.
Les travaux les plus durs, les maux les plus
                                 fenfibles
Ne paroiffent jamais ni cruels ni terribles
Pour un cœur qui vous aime, & qui peut rece-
                                 voir
Vôtre divine grace; Il n'a plus le pouvoir
De s'oublier foi-même au point de rifquer d'être
Rejetté des regards de fon Dieu, de fon Maître.

O de tous les malheurs, le malheur le plus grand !
Amour des vains honneurs, de la gloire, du rang,
Orgueil, ambition, vengeance, ingratitude !
Vous ! qui nous attirez un supplice si rude,
Que vous causez de maux, cruelles passions !
Suivrai-je vos conseils, & vos impressions ?
Non, je romps avec vous, j'evite avec courage
Vos funestes attraits, vôtre triste ésclavage ;
De mon cœur, pour jamais, je vous chasse en
ce jour,
Et je veux vous quitter sans éspoir de retour :
Il en est encor tems ; mais gardons-nous d'at-
tendre,
Fuyons ces vains plaisirs, commençons d'en-
treprendre
Une vie, où le bien puisse effacer le mal ;
Je puis faire changer l'arrêt le plus fatal ;
Je puis tout éspérer de la miséricorde
D'un Dieu, qui par son fils nous l'offre, &
nous l'accorde :
Le trésor de la grace est-il jamais fermé ?
Il est ouvert pour moi, puisqu'enfin j'ai formé
Le désir de changer, de faire pénitence,
Et de pouvoir par elle expier mon offense.
Mon cœur ! ne perdons plus ces précieux in-
stans,
Si tu les rejettois, il n'en seroit plus tems :

<table><tr><td>d 3</td><td>C'est</td></tr></table>

C'eſt aux pieds de mon Dieu tout baignés de
                                        mes larmes
Que je dois confeſſer mes trop juſtes allarmes,
Au Sang de Jeſus-Chriſt je veux mêler mes
                                        pleurs,
J'abjure pour toûjours mes coupables erreurs.
Il ne me ſuffit pas de demander ma grace,
Je veux me repentir, gemir de mon audace,
Et recevoir contrit avec ſoumiſſion
Tout ce qu'exige un Dieu pour ma converſion:
Je n'imiterai point le malade indocile,
Qui ne veut pour guerir qu'un remede facile
Et qui prenant celui qui lui déplait le moins
Trompe du medecin & le zèle, & les ſoins.

    Ne me rejettez pas loin de vôtre préſence,
O mon Dieu! donnez-moi l'Eſprit de péni-
                                        tence,
Et ne retirez pas les ſentimens d'amour,
De crainte & de douleur, que je ſens dans ce
                                        jour;
Donnez-moi le vouloir effectif de bien faire
Et le déſir ardent de ne plus vous déplaire,
Que ſans ceſſe anime d'une ſainte ferveur
Ma bouche ſoit toûjours l'interpréte du cœur!

                                   Mon

Mon Dieu! me tromperois - je ? & vou-
     drois - je peut - être
En impofer au monde, & par orgueil paroître
Tout autre, que je fuis? faire pour lui le bien,
Sans fonger, que vous feul êtes tout , qu'il
     n'eft rien :
Que vous fondez avec parfaite connoiffance
Les replis de mon cœur, & de ma confcience,
Que vous me jugerez felon mes propres faits,
Non fur les vains dehors qui mafquent mes
     forfaits :
Et que quand j'aurai mis le comble à la mefure,
Le Créateur faura punir la créature ;
Qu'alors je fuis perdu pour une éternité
Ha ! qui peut y fonger fans être épouvanté ?
Pour jamais condamnée, feroit - il donc poffible,
Qu'à cet affreux *Jamais* je demeure infenfible ?
Puis-je le prononcer fans frémir, fans trembler,
Mon éfprit le peut-il prévoir fans fe troubler ?
Ce point ne fauroit - il le fixer, le contraindre
A s'occuper toûjours des objets , qu'il doit
     craindre :
Serai-je pour moi feul toûjours trop indulgent
Sans réfléchir au fort, qui peut - être m'attend ?
Oui, fi je me jugeois, felon toute apparence,
J'aurois pour mon défordre une grande indul-
     gence ;

d 4

Mais

Mais c'est un Dieu, qui doit me juger, me pu-
                                          nir,
De ces justes arrêts rien ne peut m'affranchir;
C'est ce Dieu, qui jamais ne refusa sa grace,
Et que j'ai rebuté par ma coupable audace.

Ne me rejettez pas, mon Dieu! de devant
                                      vous,
Ne me retirez-point par un juste courroux
Vôtre Esprit, cet Esprit dont la vive lumiere
Anime, embrâse un cœur, le penétre, l'éclaire,
Si j'ai vôtre Esprit Saint, s'il se repose en moi,
Rien ne pourra me faire oublier vôtre loi;
A mes fiers ennemis je serai redoutable,
Muni, vifié par son soufflé adorable;
Il répandra sur moi sa divine onction;
Le vase impur sera vase d'élection;
Ma pauvreté changée en d'heureuses richesses,
Et je serai l'objet de toutes vos largesses;
Vous le serez mon Dieu! de mes vœux les plus
                                         doux;
Fuyant les biens du monde, & ne cherchant
                                     que vous,
Docile à vôtre voix, & n'écoutant plus qu'elle,
Je suivrai le sentier de la vie éternelle.

                                    Esprit

Efprit Saint, par qui feul nous operons le
bien,
Vous, par qui font unis d'un éternel lien
Le Pere avec le Fils, tous deux avec vous-même,
Echauffez-moi du feu de vôtre amour extrême!
Defcendez dans mon cœur pour être mon fou-
tien!
Avec vous je puis tout, fans vous je ne puis rien.

§. 13. §.

Vous ne permettrez pas, ô mon Dieu! que
mon ame
Puiffe éteindre jamais ce feu faint, qui l'en-
flamme;
Qu'après avoir encor daigné me fécourir,
Que dis-je? après m'avoir empêché de périr,
Un retour criminel au monde que je quitte,
Une feconde fois contre moi vous irrite;
Que la main qui me guide, & me mêne au falut,
Ne m'abandonne pas, que je ne fois au but
Que vos graces, mon Dieu! fans borne & fans
mefure
Se repandent toûjours fur votre créature.
Gueriffez-la, Seigneur! de l'appréhenfion,
Que lui caufe une vie indigne de pardon;

Que d'un vif repentir elle soit dévorée.
Que d'un saint déséspoir elle soit penetrée.
Mais que ce ne soit pas la peur des châtimens,
Qu'elle a trop merités par ses égaremens
Qui fasse naître en elle une douleur amére ;
Que ce soit cet amour d'une fille envers son pere ;
Que mon ingratitude envers mon Créateur
Excite mes remords, & dechire mon cœur,
Que je fasse le bien d'une volonté pleine,
Que mon amour soit vif, qu'il soit parfait sans
                                    gêne,
Qu'en vous craignant, mon Dieu ! je vous aime
                                encor plus :
Rendez-moi cet attrait pour toutes les vertus,
Ce penchant vers le bien, ce désir salutaire
De servir Dieu pour Dieu, de l'aimer, de lui
                                    plaire.
Alors (de vôtre amour tous mes sens transpor-
                                    tés)
Je chanterai, Seigneur ! vos immenses bontés ;
Je n'aurai d'autre soin dans mon bonheur in-
                                    signe,
Que de les méditer, & de m'en rendre digne,
Observant vôtre loi j'aurai tous les vrais biens,
Et mon ame en sera ses plus chers entretiens.

Mon

Mon Seigneur, & mon Pere! il est donc bien
possible,
Qu'au retour de mon cœur le vôtre soit sensible?
Qu'un objet tel que moi, le soit de vôtre amour?
Que vous voulez mon cœur par un juste retour?
Oui, vous vouliez ce cœur tout entier sans
partage;
Puis-je à vous le donner, résister davantage;
Vous avez répandu vôtre sang pour l'avoir,
Ha! puis-je y réfléchir? puis-je le concevoir?
Que vous ayez, mon Dieu! pû m'aimer de la
sorte,
Sans que ma foi devienne assez vive, assez forte,
Pour qu'occupée toûjours de vos divins bienfaits
Je puisse être fidéle à ne pécher jamais;
Car qui retomberoit dans sons ingratitude,
S'il s'occupoit toûjours d'une si vive étude:
Qui pourroit se résoudre à jamais vous trahir?
Qui d'un Dieu, homme pour lui, perdroit le
souvenir?
Malgré tous les penchans d'une ame crimi-
nelle
Bjentôt par cette idée on deviendroit fidéle,
Et loin de succomber à l'ésprit tentateur,
On seroit assuré d'en être le vainqueur.
Rappellez vôtre mort, vos tourmens dans mon
ame,
O mon

O mon Dieu! gravez-les avec des traits de
　　　　　　　　　flamme,
Afinque confervant un jufte & faint défir
Je me porte fans ceffe au bien avec plaifir.

***

§. 14. §.

De la grace d'un Dieu (grace incompréhen-
　　　　　　　　　fible)
J'ai reconnu, quelle eft la puiffance fenfible,
Perfonne n'eft, mon Dieu! plus obligé que moi
D'être reconnoiffant, d'obferver vôtre loi,
D'enfeigner aux pécheurs vôtre bonté fuprême,
Et de les ramener à leur Dieu, qui les aime;
Il vous a plû veiller à ma converfion,
Vous m'avez liberé de cette paffion,
Qui dans l'âge, où je fuis, éft toûjours fi puif-
　　　　　　　　　fante :
Vous avez affermi ma raifon chancelante,
Vous avez bien voulu me donner le loifir
De retourner à vous par un vrai repentir.
Que ferois-je, grand Dieu? fi par vôtre cle-
　　　　　　　　　mence
Vous n'euffiez différé vôtre jufte vengeance,
Si vous m'euffiez frappé dans cet état cruel,
Où j'étois endurci, parjure, criminel?

　　　　　　　　　　　　　Vous

Vous avez eu pitié, Seigneur! de ma miſére,
Et vous m'avez laiſſé le tems ſi néceſſaire
A connoître mes maux, les ſonder, les ſentir,
Les avoir en horreur, enfin m'en repentir.
Hélas! je me ſuis vû dans ce moment terrible,
Où ſubiſſant l'arrêt d'un Dieu juſte, inflexible,
Je pouvois recevoir irrévocablement
Je mon déſordre affreux le juſte châtiment.
Aux progrès menaçants de cette fievre ardente
Si j'euſſe ſuccombé, quelle étoit mon attente?
De frémis d'y penſer: De mes maux accablée
La tête embaraſſée, inſenſible ou troublée;
Etoit-ce alors le tems de faire pénitence,
Et prevenir d'un Dieu la cruelle ſentence?
A peine demandois-je en ce triſte moment,
Aux maux que je ſouffrois quelque ſoulage-
                    ment.

Comment dans cet état affoibli ſans courâge,
Pourroit-on entreprendre un ſi pénible ouvrage?
Déteſter ſes péchés & ſes égaremens,
Repaſſer de ſes jours les criminels momens,
Verſer ſur ſes erreurs de veritables larmes:
La crainte nous ſaiſit, redouble nos allatmes,
Et de l'ame & du corps la ſeparation,
Occupe de l'éſprit toute l'attention;
Hélas! a-t-on la force, ô mon Dieu! de vous
                    dire
                    Qu'on

Qu'on s'abandonne à vous, qu'après vous on
                      soûpire,
Qu'on éspére trouver grace devant vos yeux;
On ne profite point d'un inſtant précieux,
Cependant cet état eſt bien moins effroyable,
Qu'une ſubite mort, qui ſurprend un coupable,
Les douleurs qu'en mourant un pécheur fait
                      ſouffrir
Peuvent vous appaiſer, il peut vous les offrir,
Et par là ſe flatter qu'une vive priere
Obtiendra de ſon juge un arrêt moins ſevére.
Mais quel affreux état! & quel funeſte ſort,
De voir traneher ſes jours par une prompte mort!
Quand tout me promettoit une longue carriere,
La mort dans un iuſtant me ravit la lumiere;
J'expire ſans pouvoir fléchir par un ſoûpir
Le redoutable bras levé pour me punir.
Quel changement, ô ciel! pour une ame enivrée
Lorſque dans un inſtant elle ſe voit livrée
Au jugement d'un Dieu, qu'elle vient d'outrager
Qui vouloit la ſauver, & qui doit ſe venger:
Eh qui peut ſe vanter d'une vie aſſez ſainte
Pour fixer cet inſtant ſans en pâlir de crainte!
Pour ſentir l'effroi d'un ſemblable trépas
Et qui ſait, ſi mon Dieu ne m'y condamne pas?
Nous ſavons que toûjours la mort peut nous
                      ſurprendre,
                          Qu'elle

Qu'elle vient quand le moins ou croit devoir
      l'attendre,
Prêt à la recevoir il faut donc se tenir,
Et, ce la figurer toûjours prompte à venir·
Malheur, à qui néglige une si grande affaire;
C'eſt le point important, c'eſt le plus néceſſaire.
Il doit de tous nos ſoins être l'unique but:
En peut-on prendre trop, quand c'eſt pour ſon
       ſalut?
Le monde nous préſente une fauſſe lumiére,
Pour nous tranquilliſer ſur nôtre heure derniere;
Gardons-nous de la ſuivre, & que l'éſprit
       trompeur
Ne nous enivre pas par ſa fauſſe douceur.

  O mon Dieu! tout m'engage à la reconnoiſ-
       ſance,
Je dois dans tous les tems chanter vôtre clé-
       mence ;
Et l'apprendre aux pécheurs, pour qu'ils vien-
       nent à vous;
Vous leur tendez les bras pour les recevoir tous.
Je ne cacherai point l'aveuglement extrême,
Où j'ai longtems vécu; Vôtre faveur ſuprême
En retirant mes pas de cet abîme affreux
Leur eſt un ſûr garand de vos bontés pour
       eux.
        Nous

Nous devons nous changer, c'eſt un pas néceſ-
ſaire,
Pour appaiſer de Dieu la trop juſte colere,
Craignons de nous laiſſer prévenir par la mort,
Puiſque nous ignorons, quel ſera nôtre ſort,
La mort vient en tout tems, & n'excepte per-
ſonne,
Dans toutes les ſaiſons elle frappe, & moiſſonne:
Elle nous confond tous, le docte & l'ignorant,
Le jeune avec le vieux, le petit & le grand;
Ces tîtres, ces honneurs, ces biens, qui nous
ſeduiſent,
A l'oubli général par la mort ſe reduiſent;
De nous, de nos noms même, on ne ſe ſou-
vient plus,
Et rien ne parle à Dieu de nous, que nos verttus.
Que ſeront les pécheurs, quand las de les at-
tendre,
Quand aprés les avoir excité à ſe rendre,
Par les plus grands bienfaits, & par les châti-
mens,
Ils auront abuſé de tant d'heureux momens;
Quand vous ferez Seigneur! à tant de patience
Succéder les éclats d'une juſte vengeance?
Au lieu de vôtre amour, vôtre indignatiou
Sera de chaque faute une punition.
O redoutable arrêt! ô terrible ſentence!

Etre

Etre à jamais banni de Dieu, de sa présence!
Dans une éternité n'avoir que des remords!
Et sans jamais mourir, éprouver mille morts!

Adorons, ô mon Dieu! vôtre sage conduite,
Et vous de vos erreurs envisagez la suite
Pécheurs! animez- vous d'une nouvelle foi,
Et des bontés d'un Dieu voyez l'exemple en
moi.
Renoncez à l'objet qui vous captive encore;
Il faut pour aimer Dieu, haïr ce qu'il abhorre.
Mais comment se résoudre à sa conversion
Avec si peu de zéle, & de componction,
Avec le goût du vice, avec tant de foiblesse,
Que la moindre pensée, & m'afflige, & me
blesse?
Quand je me trouve au lit d'un pécheur expi-
rant,
Effrayé de son sort, je forme en le voyant,
Le solide dessein de changer de conduite.
Je m'y crois résolue; mais lorsque je le quitte,
Je perds le souvenir d'un spectacle effrayant,
A mes anciens péchés je retourne à l'instant;
L'habitude l'emporte, & mon ame légére
Etouffe dans sa source un projet salutaire.
Mon Seigneur! & mon Dieu! je l'avoüe à
regrêt;
Mais

e

Mais vous fondez les cœurs, rien ne vous eft
fecret,

Et vous favez quel eft l'excès de ma mifére;
Vous êtes mon Seigneur, foyez auffi mon Pere!
C'eft alors que ma voix publiant vos bienfaits
Inftruira les pécheurs, par quels puiffants at-
traits

La grace les invite à faire leur poffible,
Pour appaifer d'un Dieu la juftice terrible.

---

§. 15. §.

Mon Seigneur, & mon Dieu! la diftance
eft bien grande

De ce que je promets, à ce que je demande.
Je demande à mon juge, au Dieu que j'ai trahi,
D'un amas de péchés le pardon, & l'oubli;
De fa grace à ce prix je chante les louanges,
En uniffant ma voix à celle de fes Anges:
Oui, d'un Dieu tout-puiffant, je dirai la dou-
ceur,

Qui fi longtems fur moi retint fon bras vengeur;
Aux pécheurs infenfés je fervirai d'exemple,
Et je célébrerai fon nom dans fon faint temple.
J'étois coupable, ingrate, & mon cœur évitoit
De

De se rendre à la voix du Dieu qui l'appelloit;
J'ai craint que cette voix surmontant ma foiblesse,
Ne triomphât enfin d'une ame pécheresse;
Vous m'avez préservé des justes châtimens,
Que j'avois merités par mes dereglemens.
Mes péchés étoient grands, & mon Dieu les
         efface,
Puis-je trop célebrer les effets de sa grace?
Mondains, voyez par moi ce qu'on peut ésperer
D'un Dieu dont les bontés peuvent tout reparer:
Un pécheur repentant est le plus doux spectacle,
Dont jouissent les saints; quand plus fort que
         l'obstacle,
Que l'enfer lui suscite en toute occasion
Il fait persévérer dans sa conversion:
Oui de quelques péchés dont l'ame soit cou-
         pable,
Si d'un vrai repentir elle devient capable,
Dieu ne refuse pas de lui tout pardonner,
Dieu ne balance pas lui-même à se donner
Dieu lui-même veut bien servir de nourriture
Pour la vivifier, & la rendre plus pure.
Ha! dans quels sentimens d'amour & de respect,
Un pécheur repentant doit-il être, à l'aspect
D'un Dieu présent pour lui, tel qu'il fut au
         Calvaire!
           Avec

Avec quelle douleur d'avoir pû lui deplaire:
Avec quelle tendresse il le doit recevoir,
Ce Dieu si bon, ce Dieu qui fait tout son
éspoir :
Avec quel soin extrême, & quelle vigilance
Il doit examiner, sonder sa conscience,
De crainte qu'en son cœur quelqu'ennemi caché
N'en chasse de nouveau son Dieu par son péché,
Cet époux bien - aimé qui vient embrâser l'ame,
Afin qu'elle s'écrie: ô mon Pere, & mon Roi !
Je suis toute à mon Dieu, je ne suis plus à moi ;
Il remplit tout mon cœur, puisque je le posséde,
Il sera pour jamais mon refuge , & mon aide ;
Je ne le quitte plus, je ne vis plus qu'en lui,
Et son saint Nom sera mon éternel appui.
Oui mon ame, seigneur! brule du plus pur zéle,
Elle veut tout quitter pour vous être fidéle,
Et ne fera plus rien sans vous le consacrer;

De

De tout autre défir daignez me délivrer,
De mon cœur corrompu corrigez la malice,
Et ma voix de mon Dieu chantera la juftice.

§. 16. §.

Je ne puis éfpérer plus de gloire, & d'hon-
neur
Qu'en célébrant par tout vos louanges, Seigneur !
Mais pour chanter d'un Dieu la bonté, la puif-
fance
Il faut en recevoir la divine affiftance,
Il me doit enflammer par fa fainte onction
Pour pouvoir dignement célébrer fon faintNom.
Quel bonheur, ô mon Dieu ! fi vous ouvrez
ma bouche
Pour chanter, à quel point vôtre grace me
touche !
Cette bouche autrefois qui ne s'ouvroit jamais,
Que pour faciliter mes crimes, mes forfaits ;
Cette bouche coupable, infidéle, parjure,
Qui vous faifoit toûjours quelque nouvelle in-
jure,

Me-

Médifante, attaquant, fans ceffe le prochain,
Ou le fcandalifant par un difcours trop vain,
Que je devois forcer toûjours à la priere,
Et que tout autre objet occupoit toute entiére:
Mon cœur vous oublioit, ô mon divin Sau-
　　　　　　　　　veur !

Je ne parlois jamais de vous qu'avec tiédeur,
J'habitois un pays, une terre étrangére,
Où j'oubliois, hélas! le plus aimable pere,
Pour fuivre ce torrent d'un monde criminel,
Qui brave, & qui mérite un fupplice éternel,
En effet , ô mon Dieu! le monde eft une
　　　　　　　　　terre,
Dont les coupables fils femblent fuïr la lu-
　　　　　　　　　miére;
Et cependant j'étois affez foible, imprudent;
Pour fuivre leur erreur, même en la condamnant;
Que dis-je! J'aurois craint d'effuyer leur critique
Ne faifant pas comme eux profeffion publique
De mon extravagance & des égaremens,
Dont mon cœur gémiffoit dans de fecrets mo-
　　　　　　　　　mens;
Des bontés de mon Dieu c'eft ici la plus grande,
De m'avoir éclairé fur ce qu'il nous commande;
Mais je dois à ma honte avouer aujourdhui,
Que lorfque j'y fongeois, c'étoit avec ennui.

　　　　　　　　　　　J'évi-

J'évitois de parler de ses dons, de sa gloire,
Convaincue je faisois semblant de ne pas croire:
J'étouffois la charité qui pénétroit mon cœur,
Pour suivre le torrent d'un monde seducteur.
Quel reproche, grand Dieu! n'ai-je pas à me
faire,
Combien de fois fuyant la grace qui m'éclaire,
J'ai laissé les secours que vous me présentiez
Pour suivre du demon les coupables sentiers!
Les jours, les mois, les ans, ont passé comme
un songe,
Il ne me reste d'eux, que le ver qui me ronge.
D'une longue carriere, hélas! je touche au but,
Et n'ai pourtant rien fait encor pour mon salut.
Je ne puis me flatter, qu'au gré de mon envie
Contre l'ordre établi Dieu prolonge ma vie.
Chaque jour quelqu' ami m'est ôté par la mort,
Je ne tarderai pas d'avoir le même sort;
Pourquoi donc m'attacher à cette créature
Ainsi que moi sujette aux loix de la nature,
Qui ne peut d'un moment reculer mon trépas,
Dont l'amour, & les vœux ne me sauveront
pas;
Mon ame voit, connoit ces vérités terribles;
Mais rendez-les pour moi si claires, si sensibles,
Que ma bouche enfin s'ouvre, ô mon divin
Sauveur!

e 4
Pour

Pour pouvoir dignement chanter vôtre grandeur;
Je publierai par tout l'indulgente clémence,
Qui m'a laissé le tems de faire pénitence,
En prodiguant pour moi tous les soins réunis,
Que la plus tendre mere auroit eu pour son fils.
Je bannis pour jamais ces basses flatteries,
Toûjours du cœur des grands perfides ennemies:
Je ne chanterai plus qu'un Dieu, qu'un Créateur,
Dont le divin amour embrâse tout mon cœur:
Mais hélas! sans vos soins que pourra ma foi-
                                    blesse?
C'est à vous d'inspirer cette ame pécheresse,
Afinqu'en annonçant les dons de son Sauveur,
Elle puisse à vos pieds ramêner le pécheur.
Daignez en ma faveur! mon Dieu! faire un
                                    miracle,
Rompez tous mes liens, détruisez tout obstacle
Et ce cœur animé du feu de vos autels
Publiera vos bienfaits par des chants éternels.

§. 17. §.

O mon Dieu! je n'ai rien qui ne vienne
                                    de vous,
Comblé de tant de biens, je vous les offre
                                    tous;

                                    Je

Je ne reserve rien, je me donne moi - même,
En vous rendant vos dons mon bonheur est
                                    extrême.
Je renonce à l'erreur de tout l'attachement,
D'un chrétien vicieux coupable amusement.
Je fais à vos autels un entier sacrifice
Des objets seduisants qu'adoroit mon caprice,
De ce frivole amour, de cet encens trompeur,
Que m'offrent les mondains, qui flattoit tant
                                    mon cœur.
L'holocauste qui seul plait à Dieu, qui l'ho-
                                    nore,
Est un cœur tout rempli de ce Dieu qu'il
                                    adore;
Sans cesse il nous faut donc purifier ce cœur
Pour l'offrir tout entier au divin Créateur;
Il doit sacrifier la passion funeste,
Dont il fait son idole, & que son Dieu dé-
                                    teste :
Quand le monde pourroit satisfaire mes vœux,
Quand malgré ses erreurs je pourrois être heu-
                                    reux,
S'il falloit acquérir ce bonheur par un crime
De ma felicité je serois la victime;
Et ce qui satisfait le mondain enchanté,
Seroit payé trop cher, s'il m'avoit tant coûté;
Il n'est point de repos pour l'ame pécheresse,

e 5

Elle

Elle nourrit un ver qui la ronge sans cesse.
Le bonheur véritable est au sein du Seigneur,
Et qui le cherche ailleurs, travaille à son
                                malheur.
Nous sentons le néant de ce que l'on nous
                                vante ;
Et quand l'effet pourroit répondre à nôtre
                                attente,
Qu'est-ce qu'offre le monde en flattant tous
                                nos vœux ?
C'est à nôtre innocence un piége dangereux ;
Il faut donc s'adresser à l'unique ressource,
A Dieu, de tous les biens la véritable source.
Tout ce qui n'en émane, est toûjours vicieux,
Et tôt ou tard nous livre à des remords
                                affreux.
J'éviterai ce mal, ô mon Dieu ! par vos graces,
Vous seul serez ma force ; & toutes les dis-
                                graces
Ne feront qu'augmenrer ma joïe & mon
                                bonheur,
Puisque je les tiendrai de mon divin Sauveur ;
Lui seul me donnera cette paix, que le monde
Promet en vain à qui sur ses faveurs se fonde.
Je ne suivrai, mon Dieu ! que vôtre sainte loi,
Et vous seul vous serez & mon Maître, & mon
                                Roi.
                            O mon

O mon Sauveur! c'eſt là l'unique ſacrifice,
Que vous regarderez avec un œil propice,
Et c'eſt le ſeul qui peut procurer à mon
       cœur
Ce qui doit le conduire à l'éternel bonheur.

§. 18. §.

Qui peut, ô mon Sauveur, qui peut vous
       offenſer,
Sans gémir d'être aſſez aveuglé, pour l'oſer?
On ſe répent d'avoir mépriſé vôtre grace,
Lorſque le prémier feu de la jeuneſſe paſſe:
Quand la raiſon détruit l'attrait impétueux,
Qui nous entraîne au monde, & nous ferme
       les yeux,
Les dangers de ce monde, & ſes perils ex‑
       trêmes
A nos éſprits troublés viennent s'offrir d'eux‑
       mêmes;
Lorſque nous revenons de nôtre égarement,
Et ſommes en état de penſer mûrement,
Nous reſſentons alors un répentir ſincére
De nous être attiré, Seigneur, vôtre colére.
Nous regrettons alors tous les momens per‑
       dus,
       Son‑

Songeons dès cet inſtant à n'en abuſer plus.
Quand des bontés d'un Dieu l'on fait ſa
                              ſeule étude,
On ſe répent bientôt de ſon ingratitude,
Et ſa miſéricorde écoute tout pécheur
Qui confeſſe ſon crime, & pleure ſon erreur.
Vous ne voulez de nous, mon Dieu! pour
                              ſacrifice
Qu'un cœur vraiment contrit qui déteſte le
                              vice,
Qui ſoit bien pénétré d'un ferme & ſaint
                              déſir
De ne plus rétourner au crime à l'avenir,
Qui reſſente en lui-même une douleur amére
De n'avoir pas plûtôt déſiré de vous plaire,
Et d'avoir écouté la folle paſſion,
Qui rétardoit l'inſtant de ſa converſion:
Oui, mes vœux inſenſés m'attiroient vôtre
                              haîne
Et me faiſoient courir à ma perte certaine.
Hélas! quel étoit donc le triſte aveuglement,
Qui rédoubloit l'excès de mon égarement!
Comment ai - je employé ces jours dignes
                              d'envie,
Dont je dois rendre compte à l'auteur de
                              ma vie ?
Je les trouvois trop courts, ces jours ſi pré-
                              cieux,
                                          Lorſ-

Lorsque je les passois dans les ris, dans les
jeux
Flattant les goûts de ceux à qui je voulois
plaire,
Pour qu'aux miens à leur tour ils puissent
satisfaire;
Pour tous ces vains objets je m'éloignois
de vous,
Pour eux d'un Dieu vengeur je bravois le
courroux;
Mais maintenant, mon Dieu! je commence
à connoître
Que pour vous être uni vous m'avez don-
né l'être;
J'apprens à mépriser ce qui jusqu'à présent
A paru mériter tout mon attachement.
Ce n'est que vous, Seigneur! qui remplissez
mon ame
Tout ce qui n'est point vous n'est digne que
de blâme.
J'ai commencé bien tard à m'en apperce-
voir,
Mais enfin je reviens à vous, à mon devoir:
En vain à tous mes maux j'ai cherché du
reméde,
Je connois mon erreur, & j'implore vôtre
aide,
C'est

C'eſt en ſuivant vos pas, ô mon Dieu! que
je ſors
D'un labirinthe affreux de peines, de re-
mords.
J'implore à vos autels cette miſéricorde
Qu' aux cœurs vraiment touchés vôtre clè-
mence accorde.
La honte & le regret d'avoir trahi mon Dieu
M'ont arraché du monde, & conduit dans ce
lieu.
Donnez-moi donc, Seigneur! ce riche don
des larmes,
Qui fait trouver aux ſaints dans leurs maux
tant de charmes:
Que d'en verſer comme eux ſoit mon plus
grand plaiſir,
En holocauſte alors je pourrai vous offrir
Un cœur tout pénétré de ſa douleur amére,
Et du plus vif regret d'avoir pû vous de-
plaire!

§. 19. §.

Vout êtes, ô mon Dieu! l'époux de vôtre
égliſe;
Mon ame dans ſon ſein, & dans le vôtre
admiſe
Vient

Vient par elle aujourdhui, fléchir vôtre cour-
                                        roux
Malgré tous mes péchés contre elle & con-
                                tre vous,
Ce que l'églife aura délié fur la terre
Le fera dans le ciel : ainfi vôtre colére
Peut encor fe fléchir; cet affuré fecours
D'un malheureux pecheur eft l'unique recours.
J'ai mis tout mon éfpoir dans cette tendre
                                        mere,
Elle m'a fécouru dans l'état de mifére,
Où je m'étois plongé par mon égareinent,
De mon retour vers vous elle fera garant,
Elle étoit mon refuge & ma médiatrice,
Lorfque je méritois un éternel fupplice;
J'étois indigne hélas! dans ce tems malheu-
                                        reux
D'adreffer à mon Dieu mes foûpirs & mes
                                vœux;
Quels feront les tranfports de ma reconnoif-
                                fance
Et que ne dois - je point à fa tendre indul-
                                gence
Malgré cette tiédeur à remplir mon devoir.
J'étois dans vôtre temple hélas! fans m'e-
                                mouvoir
J'y portois avec moi l'ennui pour la priere,
                                Et

Et cherchois les moyen de pouvoir m'y fou-
        ftraire.
Pour ofer violer chaque commandement,
Le plus léger prétexte étoit trop fuffifant;
De ce fatal degoût ma pareffe complice
Me traînoit avec peine à ce faint facrifice,
Où vous renouvellez le trifte fouvenir
Des maux que vôtre amour pour nous vous
        fit fouffrir.
Où mon maître, où mon Dieu pour mon
        falut s'immole.
Si j'allois écouter vôtre fainte parole
Bien loin d'en profiter, c'étoit pour criti-
        quer
Le miniftre facré qui venoit l'expliquer;
J'ai pouffé jufques là mon infolence extrême,
Ingrate, indigne fille d'une mere qui m'aime;
Par elle il m'eft permis de recourir à vous,
Et tout ce que j'ai fait, mérite fon cour-
        roux.
Que de fois, de mieux vivre, ai-je fait la
        promeffe!
Je déteftois le monde, & le fuivois fans
        ceffe;
Quand au pied de l'autel je demandois par-
        don,
J'étois encore alors l'éfclave du Démon,
        Je

Je me trouvois toûjours loin de vous, &
                              sans guides
Hors du sein de l'église, ou dans des maius
                              perfides,
Qui savoient derober un abîme à mes yeux
Dans lequel m'entraînoient leurs conseils dan-
                              gereux.
Oui ceux qui n'osent pas vous appeller leur
                              pere,
Qui ne respectent point l'église comme me-
                              re,
Sont les fils du Démon, des pervers, des mé-
                              chans,
Que doivent éviter vos fidéles enfans ;
Exaucez ces enfans, Dieu de miséricorde!
De vôtre sainte église éloignez la discorde,
Que de l'Esprit divin la bénédiction
Se répande à jamais sur la sainte Sion :
Armez de tous vos traits son Ange tutélaire
Contre l'ésprit d'erreur, son cruel adversaire;
Qu'il triomphe avec elle, & que de toutes
                              parts
On vienne dans son sein suivre vos éten-
                              darts,
Que nos Pasteurs prêchant les vérités sa-
                              crées
Ramenent au bercail les brébis égarées ;
          f   Que

Que je puisse à mon tour rentrer dans le che-
                                        min,
Qui seul peut me conduire à mon heureuse
                                        fin !
Mais pour y parvenir assurez-m'en la route,
O mon Dieu ! bannissez jusques au moindre
                                        doute;
Eclairez mon esprit, qui commence à sentir
Ce qu'on court de dangers à vous désobéir :
Oui, de tous les malheurs c'est là le plus
                                        terrible
Que d'être à vôtre voix indolent, insensible,

Mon Dieu ! de cet état épargnez-moi l'hor-
                                        reur,
Achevez vôtre ouvrage, ô mon divin Sauveur!
L'effroi de mes péchés (je frémis quand j'y
                                        pense)
Augmentera peut-être en faisant pénitence
Cette sainte rigueur qui loin de tout danger
Fait trouver vôtre joug si doux, & si léger;
C'est elle qui nous rend vrais enfans de l'é-
                                        glise,
Le refuge assuré d'une ame bien soumise,
C'est dans son sein qu'on goûte en observant
                                        ses loix

                                        Les

Les biens qu'un Dieu Sauveur nous offre de sa
croix.
Accordez donc, mon Dieu! vos dons à nôtre
mere,
Protegez ses enfans, montrez vous nôtre pere;
Que vôtre Esprit divin repande sur Sion,
Ce qui fait ici-bas sa consolation,
Afin que nous portions de fruits doux, agréables
Qui puissent nous souſtraire aux arrêts effroya-
bles
Que vous prononcerez dans ce jour solemnel
Sur les triſtes objets d'un courroux éternel.

§. 20. §.

Lorsque je n'aurai plus ce penchant si funeſte,
Source de tant d'erreurs qu'à préſent je dé-
teſte,
Que de tous mes péchés contrit & répentant,
Vous ne verrez en moi qu'un pécheur pénitent,
Vous recevrez alors avec un oeil propice
De ce cœur tout à vous le digne sacrifice;
Oui, mon Dieu! je pourrai sans crainte vous
l'offrir,
Pénétré comme il eſt, du plus vif répentir:
Mais si je ne renonce à ce monde profane,

Qui ne m'enſeigne rien que ce Dieu condamne,
Si ce cœur incertain voulant ſe convertir
N'efface ſes péchés par un vrai répentir,
Comment oſera-t-il, ſouillé de mille crimes
Offrir au Saint des Saints des vœux & des vic-
                    times,
Sans craindre qu'ajoûtant la profanation
Aux objets de colére & d'indignation,
Dieu dans le même inſtant ne s'arme de la fou-
                    dre
Pour punir ſon audace & le reduire en pou-
                    dre?
Ainſi donc, ô mon Dieu! lorſqu'au pied des
                    autels
Je viens participer à vos dons immortels
Je ne ſaurois aſſez ſonger, qu'il faut m'y ren-
                    dre
Avec les ſentimens que vous devez attendre:
Je ne dois point remettre à ce dernier moment
Ce qu'il faut pour ſortir de mon égarement:
Je dois examiner avec inquiétude
De mes goûts criminels la force & l'habitude:
Je dois rechercher tout & ne rien oublier
De ce qui devant Dieu peut me juſtifier;
Je dois me ſouvenir que je parle à mon juge,
Qui ſait tout, qui voit tout, mon unique re-
                    fuge,
                    Que

Que mon pardon dépend de la sincérité,
Dont mon ame retourne au Dieu quelle a
quitté;
Loin de justifier par une vaine excuse
Les fautes dont il faut que mon ame s'accuse,
Je ne dois, ô mon Dieu ! songer, qu'à mé-
riter
Ce pardon qu'on n'obtient qu'en voulant
éviter
Tout ce qui peut nous rendre indigne de vos
graces:
Du divin Redempteur je dois suivre les traces
C'est en portant sa croix avec componction,
Que l'on peut profiter de l'absolution,
Que Dieu par un effet de sa miséricorde
Dans ce saint tribunal nous offre & nous ac-
corde.
Mais ce juste souci ne doit pas empêcher
D'avoir recours à lui, pour pouvoir s'ap-
procher
De son saint Sacrement nôtre unique éspé-
rance,
Une ame doit en lui mettre sa confiance,
Elle doit se jetter dans ses bras paternels,
Et ne pas s'éloigner sur tout de ses autels.

f 3

Venez,

Venez, ô mon Sauveur ! allumer dans mon
                                        ame
Cet amour de vous-même, & cette vive flamme
Qui fait , que méprisant tous les biens d'ici-
                                        bas,
Tout ce qui n'est point vous, est pour nous
                                    sans appas.
O qu'une ame est heureuse , & qu'elle est sa-
                                    tisfaite,
Lorsque pour tout bonheur c'est Dieu qu'elle
                                    soûhaite !
Lorsque fuïant le monde & voyant son er-
                                    reur
Elle n'aspire à rien , qu'à plaire à son Sau-
                                    veur !
Que la paix que pour lors elle goûre a de
                                    charmes !
Tranquille, elle en jouït sans crainte & sans
                                    allarmes ;
De ceux dont elle voit le triste égarement,
Elle plaint en secret l'horrible aveuglement.

Mere de nôtre Dieu, Vierge si sécourable,
Vous, de tous les pécheurs asile favorable,
Vous qui les regardez avec compassion,
Qui tant de fois avez obtenu leur Pardon,
Ne me refusez pas vôtre sainte assistance !

                                    Deman-

Demandez pour mon cœur cette doûce éfpé-
rance
Qui fait l'appui du jufte en foûtenant fa foi!
Priez vôtre cher Fils inceffamment pour moi,
Ce Fils, nôtre Sauveur nous a nommés fes
freres;
Et vous, êtes pour nous la plus tendre des
meres.
Pour prix de vos vertus jamais ce Dieux fi bon
Ne vous a d'un pécheur refufé le pardon;
Si les pleurs, les regrets, les remords d'un
coupable
Peuvent rendre à vos yeux fa priere agréable,
Vous devez recevoir la mienne & l'écouter:
C'eft avec cet éfpoir que j'ofe préfenter
A vôtre divin Fils un cœur rempli de zéle,
Refolu de mourir & de vivre fidéle,
Dans le ferme propos de ne plus le trahir,
De l'aimer à jamais, & de plûtot fubir
Les plus affreux tourmens, la mort la plus
cruelle,
Que de reprendre encore la route criminelle
Qui conduit un pécheur à l'éternel trépas,
Et dont Dieu par fa grace a retiré mes pas.
Souveraine des cieux, obtenez que mon ame
Se nourriffe toûjours de l'amour qui l'en-
flamme!
Obte-

Obtenez de mon Dieu que je vais recevoir,
Que son sang précieux, qui fait tout mon
　　　　　　　　　　　　　espoir
Ne rende pas cette ame encor plus criminelle;
Qu'au lieu de la conduire à la vie éternelle,
De ces mistères saints la profanation
Ne passent pas un jour sa condamnation　;
Soumis, humilié, prosterné contre terre,
Vierge sainte! daignez exaucer ma priere,
Obtenez de mon Dieu ma satisfaction,
Obtenez qu'il ajoute à ma contrition,
Qui pour Dieu peut en faire une offrande
　　　　　　　　　　　　agréable;
Je veux qu'en approchant de vôtre sainte
　　　　　　　　　　　　table
O mon Dieu! vous l'offrit sur vos divins
　　　　　　　　　　　　autels
Lavé, purifié de ses goûts criminels:
C'est là l'oblation, l'offrande de justice
Que vous regarderez avec un œil propice.

---

*L'Editeur des présents Memoires & du
Repentir de Madame D*** n'a pas crû devoir obmettre les Piéces suivantes, dont cette
zélée Convertier s'est servie pour ramener d'autres Personnes au Giron de l'Eglise.*

REMAR-

REMARQUES GENERALES.

L'Illuſtre Solitaire Saint Aphrâtés, deſiroit que l'on écrivît en toutes langues, & de toutes manieres contre les Hereſies qui troubloient l'Egliſe. La raiſon qu'il en donne eſt bien ſolide: ſi un livre, diſoit il, n'eſt pas entendu d'un Heretique, un autre livre compoſé d'un autre ſtile, & d'une maniere differente, pourra lui être agréable; & comme il y a des gouts differents pour les alimens du corps, il y en a auſſi pour la ſatisfaction de l'eſprit: c'eſt pour-quoi ce Saint conſeilloit d'écrire en toutes lan-gues, & de toutes manieres, contre les Hereſies qui étoient de ſon temps, afin de gagner tout le monde à Jeſus Chriſt.

Ce ſentiment eſt bien digne du courage d'un Serviteur de J. C., qui quitta ſon deſert, pour ſoutenir ſa Divinité, combattuë par les Ar-riens, appuyés de l'autorité de l'Empereur Va-lens: & qui répondit à ce Prince, Vous me de-mandez pourquoi j'abandonne ma Cellulle? C'eſt pour prier Dieu avec les Orthodoxes, qu'il vous faſſe connoître la grandeur de vôtre peché.

C'eſt dans l'eſprit de ce Saint que je donne au public le preſent Livre. Car quoi que l'on

(* 2)

l'on en voye paroître tous les jours differents sur ces matieres; neantmoins j'espére de la miseritorde de Dieu, que celui-ci ne sera pas inutile, *DIEU* aiant des voyes & des manieres diverses, pour faire connoître la vérité.

Peut-être même qu'il y en aura plusieurs d'entre nos freres errans qui auront beaucoup de joye de voir la Controverse proposée de cete maniére aussi claire que courte.

Erasme de Rotterdam écrit à un de ses amis, qu'il avoit paru depuis quelques jours, un livre composé par le Cardinal Cajetan, dans lequel ce sçavant homme ne s'étoit emporté ny en injure, ny de colere contre personne; mais avoit expliqué la Doctrine de l'Eglise, d'une maniere fort intelligible, soutenuë d'autorité & de bons témoignages; & le tout fait avec beaucoup d'esprit & de travail. Il ajoûte qu'il desireroit de tout son cœur, qu'on donnât six cens Volumes, écrits d'une maniere qui expliqueroit nettement la Doctrine de l'Eglise, & qui n'excitât pas du tumulte; car disoit il, j'aime la paix, & la concorde entre les Chrétiens, jusques à ce point, Que la verité qui porte à la sedition ou à la faction, m'est odieuse. * Mihi sane adeo est invisa discordia; ut veritas etiam displiceat seditiosa.

* Petro Barbyrio Brugis 1521.

Il semble que le St. Esprit nous ait voulu instruire de cette maniere d'écrire fortement, mais en peu de paroles, lors qu'il a dit par le Sage. * Verba sapientium quaſi ſtimuli, & quaſi clavi in altum defixi, quæ per magiſtrorum conſilium data ſunt à Paſtore uno. Les paroles des sages sont comme des aiguillons, & comme des clous enfoncés profondement, que le Paſteur unique nous a donnés par le conseil & la sagesse des Maîtres.

Dans ce petit Ouvrage, je me suis arrêté au Point deciſif, sçavoir, à faire connoître l'Egliſe qu'il faut croire, parce que c'eſt elle qui doit nous instruire de tout ce qui eſt necessaire pour nôtre salut, & que nous sommes en seureté d'être avec l'Egliſe Catholique. Je dis à nos freres separés, comme l'Ange à St. Jean. ** Venez avec moi, & je vous montreray l'Epouſe qui eſt l'Epouſe de l'Agneau.

Je fais voir ſi invinciblement l'Autorité de l'Egliſe Catholique, que c'eſt se fermer les yeux en plein midi, que de ne la pas reconnoître, & c'eſt se precipiter volontairement dans l'Enfer, plûtôt que de reconnoître cette Epouſe de Jesus-Chriſt, qui a voulu que ſon Egliſe fut comme une ville batie ſur une montagne, laquelle par ſon élevation, eſt vûë de toutes parts & reconnuë de tout le monde.

(* 3)

Nos

* Ecclesiaſt. 12, 12.
** Apoc. 21, 9.

Nos freres separés pourront me demander, d'où vient que dans l'Eglise Catholique, on se sert de l'Ecriture expliquée par les Saints Peres? La réponse doit les satisfaire beaucoup. Saint Pierre a dit, que dans les Lettres de St. Paul, il y a quelques endroits difficiles à entendre; que des hommes ignorants & legers * detournent en de mauvais sens, & dont ils abusent aussi bien que des autres Ecritures, à leur propre ruïne.

L'Eglise voulant prevenir la perte de ses enfans qui ont l'esprit superbe & opiniâtre, elle leur propose l'Ecriture Sainte expliquée par les Saints Peres, afin de les porter au respect pour cette divine parole. *Car Dieu a dit au pecheur. Pourquoi annoncez-vous mes preceptes? ** Pourquoi parlez-vous de mon alliance? Vous qui haïssez la verité, & qui ne tenez aucun compte de mes paroles.*

* * *

Je ne veux point insulter à nos freres qui sont encore separés de nous, & dont j'espere toûjours le retour dans le sein de l'Eglise leur Mere. Je leur diray seulement une chose qui pourra les surprendre parce qu'ils n'y ont fait peut être aucune Reflexion; *la pretenduë Reformation, porte à l'indifference de Religion.* Voilà pourquoi il ne faut pas s'éton-

* 2. Petr. 3. 16.
** Ps. 49, 17.

s'étonner s'ils ont tant de peine de revenir à nous. L'abyme qui étoit entre le mauvais riche & le sein d'Abraham, n'étoit pas si grand ny si difficile à passer *, que celui qui est entre une Religion commode, qui n'oblige à rien, dans laquelle on croit ce que l'on veut, où l'on n'est obligé à aucune mortification ; & une Religion incommode aux passions, qui mortifie tous les sens, & qui porte à une vie de la foy, qui nous fait croire ce que nous ne pouvons comprendre.

Je ne feray que représenter les principes de la Confession de Foy de nos freres separés, sur lesquels j'établis une conclusion ferme & incontestable ; Que le Protestantisme porte à l'indifference de Religion ; Je n'oserois ajoûter à l'incrédulité ou même à l'Impiété si fort à la mode aujourd'hui, de peur qu'ils ne croyent qu'on les veut pousser trop loin.

Je cherche leurs ames, & je ne croi pas qu'on puisse leur faire connoître plus de desir, ni plus d'affection pour leur salut, qu'en leur decouvrant l'abyme de l'aveuglement dans lequel ils sont, afin qu'ils demandent à Dieu la grace d'en sortir. Je la demande jour & nuit pour eux.

Cette presomption temeraire & criminelle que les Protestans ont herité de leurs Ancêtres,

(* 4) qui

* Luc. 16. 26.

qui eſt comme un ſecond peché originel, qui demeure dans eux-mêmes quant à la coulpe, aprés le baptême, empêche le retour à l'Egliſe, & fait des fauſſes converſions dans pluſieurs de ceux qui ſont revenus.

Voici quelle eſt cette preſomption criminelle: De ne s'arrêter ni aux Peres, ni aux Conciles, mais que chacun peut & ſe doit rendre juge & des Peres & des Conciles, & même des Livres de l'Ecriture, par la lumiere qu'il s'imaginera avoir trouvé dans l'Ecriture, aprés avoir invoqué le Saint Eſprit.

Le Demon ne pouvoit jamais inventer une Doctrine plus conforme à l'orgueil de l'eſprit, ni plus propre pour le conſerver dans l'éloignement, & dans l'averſion de la verité que de faire établir pour article d'une fauſſe Confeſſion de Foy, un principe qui eſt le poiſon mortel de la verité. Faire Juge de tout, je dis de tout ce qu'il y a de plus grand, de plus ſaint, & de plus important au monde, l'eſprit d'un homme menteur, ignorant, ſuperbe, & aveugle. Ce ſont les qualités que l'Ecriture donne à l'eſprit de l'homme depuis ſon peché.

Nos freres ſeparés ne peuvent pas conteſter ce que j'avance ici, puiſque c'eſt un article de leur Confeſſion de Foy. Quoi, un Artiſan, un Payſan de nul eſprit, de nulle lit-

litterature, ſans education, ſans autre travail
que d'invoquer en un moment l'aſſiſtance du
St. Eſprit, prononcera ſur les verités de la
Foy, & ôtera d'un ſeul coup, ſept Livres
Saints & Canoniques, du nombre des Livres
de l'Ecriture ? Quoi - que l'Egliſe dans le 3e
Concile de Carthage, tenu il y a treize cens
ans *, les ait declarés être Livres Saints, &
Ecriture divine.

Ajoûtez à cette preſomption criminelle,
& hereditaire; la nouvelle diſtinction, qu'ils
ont fabriquée de nos jours, des points fondamentaux, d'avec les non - fondamentaux: &
vous conclurez, que c'eſt une propoſition
inconteſtable, que la Religion Proteſtante
porte par ſes principes à l'indifference de
Religion.

Jamais propoſition ne fut établie plus veritablement ſur des principes qui portent à cette concluſion; *Je ſuis juge des Peres, des Conciles, & même des Livres de l'Ecriture, donc je
ferai telle Religion que je voudrai; donc je
croirai ſelon que mon eſprit m'éclairera & me
fera trouver une Religion conforme à mes inclinations.* ** Il ne faut que vojager dans les païs
où la Religion Proteſtante eſt la Religion
dominante, pour connoître que toute Religion y eſt admiſe, c'eſt à dire, qu'il n'y a aucune

(* 5)

Reli-

* Anno 485. c. 47.
** Summa Religio, nullam reſpuere falſitatem.

Religion, mais un fantôme de Religion, où l'on croit ce que l'on veut, pourvû que l'on ne nie point qu'il y ait un Dieu & trois personnes en Dieu, & que le Fils de Dieu se soit fait homme pour nous.

Voilà tout au plus ce que l'on est obligé de croire, pour être reputé bon chretien parmi les Protestans, & passer pour honnet homme.

Une seconde preuve est ; Que la Doctrine constante des Protestans est, „ Que les plus „ énormes péchés n'empêchent point que les „ fidelles qui les commettent, ne demeurent „ enfans de DIEU. *

Cette inamissibilité de la justice, donne de l'horreur. Car comment se peut-il faire que l'on soit en même temps, enfant de Dieu, & enfant du Diable. Jesus-Christ disoit aux Pharisiens : *Vous êtes les enfans du diable, & vous voulez executer les desirs de vôtre*

* Cette Doctrine de nos freres separés est fondée sur l'article 11, 18 20, & 22. de la Confession de Foy Reformée ; & déclarée dans le Synode de Dordrecht en 1619, lequel Synode fut confirmé l'année d'après dans le Synode National des Cevennes. Quoiqu'on ne cite point ici la Confession d'Augsbourg, néamoins ceux de cette Communion ne nieront pas, que leur Doctrine tend à élargir la voye du Ciel, par leur Supposition de l'Impossibilité d'observer les Commandemens de la Loi de Dieu, & que la simple Foi en la satisfaction du Sauveur suffit à leur justification.

vôtre Pere. * Il leur avoit dit auparavant ;
*Quicunque commet le peché, est esclave du peché,
Or l'esclave ne demeure pas toûjours en la mai-
son, mais le fils y demeure toûjours. ***

Le St. Apôtre a dit: *Quelle union peut il y
avoir entre la Justice & l'iniquité? Quel commerce entre la lumiere & les tenebres? Quel
accord entre Jesus Christ & Belial? Quel rapport entre le Temple de Dieu, & des Idoles? ***

Posé ce principe detestable, qu'on ne perd
jamais la qualité de justes & d'enfans de Dieu,
tels crimes que l'on commette; ceux qui font
voir, qu'ils ont plus de politique, que de Religion, n'auront aucune peine de s'accommoder
d'une autre creance, si elle devient la plus
forte.

Lors que l'interêt est le dominant de nôtre
cœur, nôtre Religion suit nôtre interêt; les
preuves en sont publiques de toutes parts.

Une troisième preuve est, ce que disent
nos fieres separés; *Que les Vœux monasti-
ques, deffenses de Mariage & de l'Usage des
Viandes, sont procedées de la boutique de Sa-
tan, comme aussi la Confession auriculaire.*

Depuis le peché d'Adam, nous sommes
tous portés au mal, **** mais à tout mal, il
n'y

* Joan. 8. 44. ** v. 34. *** 2 Cor. 6, 15.
**** Gen. 6 ç. Cuncta cogitatio cordis intenta ad
malum, omni tempore.

n'y a que la grace de nôtre Seigneur Jesus-Chrift qui nous empêche d'y tomber; cette grace nous inſpire des preſervatifs, qui ſont les jeunes, les auſterités, une vie chaſte, & éloignée du monde, la frequentation des Sa-cremens; avec ces remedes l'on ſe conſerve dans !'amour de Jeſus-Chriſt; ſans ces re-medes l'on tombe dans le deſordre, & du deſordre dans l'inſenſiblité ſur la perte de ſon ſalut.

Je ne veux point d'autres preuves, que cé que Luther dit de ſoi même; *Tanäis*, dit-il, *qu'il a vêcu dans nôtre Communion, il a re-primé les mouvemens de ſa chair, par des veilles, des jeunes, & des priéres, il a eu un grand reſpect pour le Pape, & a pratiqué la chaſteté, la pauvreté, & l'obeïſſance.* * Je n'oſerois ajouter ce qu'il dit du dereglement de ſa vie, depuis ſa pretenduë Reformation, & j'aurois honte de rapporter ce qu'il de-duit ſans pudeur, mais avec une effronterie qui me fait rougir pour lui.

J'écris (graces à nôtre Seigneur Jeſus-Chriſt) avec beaucoup de compaſſion ſur l'a-veuglement de nos freres ſeparés; ils ſont dignes de toutes larmes, car ils font gloire d'avoir ôté les remedes qui devoient leur donner la vie de leurs ames. *Inſani adver-ſus*

---

* Lutherus tom. 5. in c. 1. ad Galat. v. 14. fol. 109.

fus antidotum , quo salvari potuissent , pour me servir des termes de St. Augustin. *

Une quatrième preuve est, qu'ils n'ont aucunes Ceremonies de Religion, qui les unissent ensemble dans le service de DIEU, par obligation. Ils ne peuvent en trouver aucune dans les Articles de leur Confession de Foi. Bien éloignés de cela, ils condamnent les Assemblées de la Papauté. Ils disent anatheme à tous ceux qui y viennent, & declarent que tous les Pasteurs sont égaux; *Sans qu'aucun Pasteur, ni qu'aucune Eglise doive pretendre domination ou seigneurie sur l'autre.*

Voilà un grand chemin, & très seur, ou à l'Atheïsme, ou au moins à l'indifference de Religion. Il est remarqué dans l'Histoire Romaine, que durant les proscriptions du Triumvirat, un Senateur Romain, pour n'être pas connu des assassins, avoit mis un emplatre sur un de ses yeux, comme s'il l'avoit perdu; le tems de ces sanglantes tragedies étant passé, il fit ôter son emplatre, dans l'esperance de se servir de cet œil; mais la faculté de la vûë par le non exercice de cet œil, les rayons visuëls étoient passés à l'autre œil; desorte qu'il demeura veritablement borgne, & n'ayant qu'un œil jusques à la mort.

L'ex-

* Si præocupatus fuerit homo in aliquo delicto, vos qui spirituales estis, hujusmodi instruite in spiritu lenitatis; considerans te ipsum. Gal. 6. 1. Art. 28. Art. 30.

L'experience nous fait connoître tous les jours, que l'on tombe dans l'irreligion, faute d'exercice & de pratique dans les obligations de la Religion. Cela est une verité d'experience. D'où s'enfuit que nos freres separés, n'ont aucune obligation exterieure, qui les unisse ensemble indispensablement, dans les Exercices & les Ceremonies publiques d'un culte divin, qui excite au Respect & à la Devotion envers la divinité & manifeste la Communion des Saints. Ils tombent insensiblement dans l'Indifference de Religion, & de là dans l'Incredulité, qu'ils croyent cacher en se vantant d'être honnêtes gens. Je les prie donc de ne pas se refuser plus longtems aux exhortations que la bonté divine leur fait faire, de rentrer dans l'Unité, sainteté, & Catholicité du Bercail Apostolique, où seul ils peuvent jouir de la grande grace que Dieu a bien voulu accorder à ceux qui écouteroient son Eglise, savoir l'Usage des Saints Sacrements qui sont des Sources pour la Vie éternelle, dont hors de l'Eglise Catholique on ne trouve que les noms, & non pas la réalité : puisque les ministres des differentes sectes n'ayant point la Mission Apostolique, ils n'ont point la puissance de consacrer la Sainte Eucharistie, & ne peuvent délier les pécheurs, étans eux-mêmes liés par le Ban qu'a prononcé contre eux & contre leurs adherants la sainte Eglise Catholique & Apostolique.

COURTE CONTROVERSE
SUR LA QUESTION:
S'IL FAUT ECOUTER AVEC SOU-MISSION L'EGLISE CATHOLIQUE?

Ce qu'on va rapporter est tiré des Sermons de la fondation de M. Boyle. Les plus habiles Anglois ont été chargés de ces Traités importans. Mr. Ibbot tient un rang distingué entre ces illustres Ecrivains : on ne peut lui refuser un profond sçavoir & un esprit élevé; il suffit, pour s'en convaincre, de sçavoir le rang qu'il occupe parmi les Sçavans de sa Nation, qui, comme on sçait, est une des plus cultivées de l'Europe.

Je me bornerai à rapporter fidélement les solutions que ce Docteur donne aux argumens des Catholiques; j'y ajouterai des courtes réflexions en faveur de ceux, qui n'étant pas assez versés dans ces matiéres, n'appercevroient pas facilement en quoi péchent les réponses du Docteur Anglois. Après cela j'espere que tout esprit qui lira sans prévention, sera convaincu que la Soumission à l'Eg-

X

lise

lise eſt ſi obligatoire, qu'on ne peut s'y refuſer, après avoir bien conſideré les abſurdités & les fauſletés que le Schisme eſt obligé d'employer pour la combattre. Le Sermon dont il eſt ici queſtion ſe trouve dans le tome 4. de l'Ouvrage intitulé : *Défenſe de la Religion naturelle & révélée, contre les Infideles & les Incrédules.*

L'objet principal de ces Sermons eſt de montrer l'uſage que l'on doit faire du jugement particulier, ou de la liberté de penſer. Il eſt aiſé de concevoir que M. Ibbot Anglois & Proteſtant a dû appuyer ce ſyſtème, & combattre la voie d'autorité employée par l'Egliſe. Il eſt vrai qu'il met certaines reſtrictions, qui ne permettent pas d'aller auſſi loin que quelques uns de ſa Communion. Toutefois il ne peut fléchir ſous le joug de l'autorité; il met la raiſon pour le principal motif de notre conſentement aux vérités révélées. Comme il eſt de bonnefoi, il n'a pas cru devoir diſſimuler les objections de ſes adverſaires : on ne peut l'accuſer de les énerver, en homme de beaucoup d'eſprit il les rapporte avec netteté & préciſion. Il me reſte à examiner ſes réponſes, pour en faire ſentir l'inſuffiſance au lecteur judicieux. Je prie ſeulement qu'on faſſe attention, que ſi un homme auſſi docte, qui poſſédoit à fond tout ce que les Proteſtans ont écrit de meilleur, n'a pû répondre ſolidement aux raiſons des Catholiques, cela ne peut provenir que

de

de la méchanceté de la Cause qu'il défend
C'est ce dont on va juger.

Voici la premiere objection que se propose
M. Ibbot : * *La liberté que l'on abandonne à
chacun de juger pour soi-même, dans les choses
de la Religion, doit avoir pour suite nécessaire une grande diversité de sentimens, qui dé-
chirent le sein de l'Eglise Chrétienne, & qui
ne peuvent aussi qu'y causer un grand nombre
d'erreurs pernicieuses, & d'affreuses hérésies.*

Je réponds 1mo. dit-il, que l'on suppose contre toute vraisemblance, & contre tout le respect qui est dû à la Religion Chrétienne, que
la liberté de juger pour soi même, abandonnée
à chacun, doit naturellement introduire la divi-
sion parmi les Chrétiens, & en rendre la foi
arbitraire ; il me paroit évident au contraire
que plus cette Religion seroit étudiée & connuë,
& plus aussi elle devrois rapprocher les cœurs,
& réunir les esprits. Ce n'est point une supposition contre la vraisemblance, mais un
fait certain, que chez les Protestans, où l'on
juge par soi même, il regne une grande di-
vision, & que chez eux la foi est arbitraire. M. Ibbot sans sortir de son Isle, pouvoit
s'en convaincre par tout ce qu'il voyoit sous
ses yeux. D'où vient cette multitude de
Sectes qui inondent l'Angleterre ? D'où vient
cette prodigieuse diversité de sentimens par-

)(2   mi

* Pag. 503. & suiv.

mi ceux qui font d'une même Eglife, que dis-je, dans une même famille? C'eft l'efprit particulier & la voie d'examen qui ont enfanté cette confufion. On ne conteftera pas que les Proteftans n'étudient l'Ecriture; cette étude a-t-elle fervi à rapprocher les cœurs, & à réunir les efprits ? La maxime que le fçavant Anglois avance ici, eft démentie par l'expérience ; ce n'eft donc qu'une fauffe conjecture. Il ajoute: *Le fecret, les ténebres, l'ignorance ne conviennent qu'aux fauffes Religions, qui doivent toujours craindre d'être approfondies. La vraie eft la lumiere, & aime la lumiere.* Ne diroit-on pas, à entendre M. Ibbot, que les Catholiques ont des myfteres fecrets qu'ils n'oferoient produire au grand jour ? qu'on cache parmi nous certaines doctrines, qui ne vont pas jufqu'au peuple? Tous nos dogmes fe trouvent dans les Catéchifmes qu'on met en main des enfans mêmes. L'Eglife eft fi eloignée de favorifer l'ignorance, qu'elle ne ceffe d'exhorter les fideles de s'inftruire, & qu'elle ordonne aux Pafteurs de leur rompre le pain de la parole avec affiduité. Le Docteur Anglois ne fait donc ici qu'une vaine déclamation, qui ne touche point le fond de la queftion.

J'ajoute 2do. dit-il, que dans les tems & les lieux où la liberté de juger par foi même a été reconnue, elle y a été fi peu la fource néceffaire des diffentions, des erreurs & des héréfies,,

qu'on

qu'on y a vû de vaftes multitudes de Chrétiens vivre dans la plus parfaite union de symbole & de culte; nous en appellons au fiécle heureux de l'Eglife naiffante. On foutient à M. Ibbot qu'on ne peut affigner aucun tems, où il a été d'ufage dans l'Eglife, que les fideles réglaffent leur foi fur leur examen particulier. C'a toujours été aux premiers Pafteurs à prononcer fur les doutes qui s'élevoient; eux feuls ont pû les fixer. C'eft en effet ce qui a paru dans l'Eglife naiffante touchant le doute où l'on étoit, fi on devoit encore s'affujettir à certaines obfervances de la loi. Les Apôtres & les Anciens s'affemblerent pour prononcer fur cette difficulté, & ce Concile termina le différend; les multitudes de Chrétiens qui vivoient dans l'union, n'en étoient redévables qu'à leur foumiffion à la voix de leurs Pafteurs; car s'ils euffent voulu fuivre leur fens privé; ils fe feroient divifés, comme il eft arrivé aux Proteftans, quand ils ont fuivi cette méthode. Cette union au refte étoit fi peu le fruit de l'examen par foi même de l'Ecriture, que S. Irenée attefte qu'il y avoit de grandes multitudes de Chrétiens qui vivoient dans la foi fans le fecours de l'Ecriture, qui ne fe trouvoit pas chez eux. La feule doctrine qu'ils puifoient chez leurs Pafteurs, fuffifoit pour cela.

Mais 3tio. *sur quoi fondé prétend-on que c'est de l'étude & de la connoissance de la Religion Chrétienne que viennent les schismes & les opinions monstrueuses qui la dénaturent, ou qui la renversent?* C'est sur l'expérience qu'on se fonde, quand on assure que la chose est ainsi. Il faut néanmoins distinguer deux sortes d'études de la Religion; l'une qui se fait avec la soumission dûë aux oracles de l'Eglise; on avouë que celle-ci ne peut produire de schismes ni d'opinions erronées: l'autre est celle que chaque particulier fait, en ne suivant que ses lumiéres propres, & méprisant de s'en tenir à la décision des premiers Pasteurs. Qui ne sent que cette voie ne peut aboutir qu'à l'erreur, & c'est en effet où ont échoué tous ceux qui l'ont suivie.

Ne seroit-il pas plus sûr, ajoute M. Ibbot, *d'en chercher l'origine dans la vanité des uns qui s'entêtent de leurs propres idées? Dans l'orgueil des autres qui veulent faire parler d'eux dans le monde? Dans un fond d'avarice, qui cherche à faire commerce de son sçavoir dans les choses sacrées? Dans un fond de corruption, &c.* On n'a garde de nier que toutes ces choses ne soient des sources des erreurs en matiére de Religion; c'en sont même, si l'on veut, les principales; c'est pour les éviter sûrement, que les particuliers doivent s'attacher à la voie d'autorité,

rité, qui est celle dont se servent les Catholiques. Tout le tems qu'on s'en rapportera
à ses propres lumières, d'où sçaura-t on qu'-
un orgueil secret n'est pas le motif qui nous
fait suivre telle ou telle opinion? Qui pourra s'assurer que la vanité, l'avarice, n'influe
pas principalement, quand on se décide pour
un parti , plutôt que pour un autre? Le
cœur humain a tant de replis, qu'il est bien
difficile de démêler au juste quel est son
principal motif. Rien de si aisé, que de
se faire illusion sur ce discernement.

Supposé pourtant 4to. que tout ce désordre
ne vint que de la liberté de juger pour soi-mê-
me , s'enfuivroit-il que cette liberté dût être
abolie? Oui sans doute, on devroit interdire
l'usage d'une chose qui cause des effets si
pernicieux. On voit par cet aveu du Docteur Ibbot qu'il n'a pû dissimuler les suites
fâcheuses que l'examen particulier entraîne
avec soi. Il tâche de les couvrir par une
réponse aussi fausse que l'est son principe,
en ajoutant, *Hé! Comment le feroit-on? La*
chose est impossible ; elle feroit même d'une in-
justice criante, puisque l'on dépouilleroit les hom-
mes du privilege le plus essentiel & le plus dis-
tinctif de l'humanité. Voilà un sophisme des
plus grossiers. On confond l'essence de la
liberté avec son exercice désordonné. Est ce
que les loix nous dépouillent de l'humanité?
Nous privent-elles d'être des créatures lib-

res, quand elles défendent aux particuliers de se faire justice à eux-mêmes? Il n'est pas douteux que le pouvoir d'agir d'une façon ou d'une autre, en quoi consiste la nature de la liberté, ne soit essentiel à l'homme? mais il n'est pas moins certain qu'on peut lui interdire telles ou telles actions qui iroient à son désavantage, ou à celui de la société. Il auroit tort de se récrier qu'on le prive de son privilége le plus distinctif. L'examen pour soi-même est pernicieux en fait de Religion; on a donc droit d'exiger la soumission aux Pasteurs, & c'est en effet ce que Dieu prescrit.

5to. *Il y a, dit on, beaucoup d'inconvéniens à leur (aux hommes) laisser cette liberté, vû les divers abus qu'ils en peuvent faire, & qu'ils en font si souvent.* J'en conviens, mais sans dire que ces inconvéniens seroient peut-être plus grands à la supprimer, je demande en vertu de quelle autorité l'on prétend dépouiller les hommes d'un droit, dont Dieu lui-même les a investis? Puis il ajoute plus bas: *Ce seroit donner un coup mortel à la nature humaine, & ne la rendroit-il pas aussi incapable de vertu que de vice?* Je n'ajoute ces dernieres paroles, que pour faire voir que M. Ibbot employe ici le même sophisme, que celui dont il s'est servi plus haut, en confondant l'essence de la liberté avec son exercice, car à moins d'entendre ce qu'il dit

de

de la liberté prife en elle-même, fon rai-
fonnement manque de fens. D'ailleurs, qui
ne fçait que quoiqu'on faffe, on ne peut
jamais ôter à l'homme fa liberté; la violen-
ce la plus marquée ne peut lui ravir cette
faculté, qui fait partie de fon être raifonnable. A plus forte raifon quand l'Eglife
exige de fes enfans de la docilité & de la
foumiffion, on ne doit rien craindre pour
la liberté. M. Ibbot eft contraint d'avouer
qu'il s'enfuit beaucoup d'inconvéniens de la
liberté d'examiner pour foi-même : c'eft tout
ce qu'on prétend lui prouver, & fon aveu
mérite d'être remarqué. Il n'eft pas croyab-
le que J. C. la fouveraine Sageffe, n'ait
donné à fon Eglife qu'un moyen pour connoitre la vérité, qui feroit fujet à beaucoup
d'inconvéniens, comme le Docteur Anglois
eft forcé d'en convenir.

6to. *En vain on parle pour cet effet d'une
fucceffion de Juges infaillibles dans le fein de
l'Eglife Chrétienne.* Non, ce n'eft pas vainement qu'on fait valoir cette fucceffion,
puifqu'elle feule peut remédier aux maux
du fchifme & de l'héréfie. *Nous croyons pouvoir établir avec confiance, que l'infaillibilité
d'un Juge vifible ne remédieroit à rien dans
l'Eglife. Il y a des Communions qui prétendent poffeder cet abrégé des Controverfes; &
peut-on dire de bonne foi qu'il y ait dans leur
fein moins de divifions, moins de difputes, qu'il*

n'y en a dans les Païs les plus libres? N'y a
eu un tems où, les Apôtres vivans encore,
l'Eglise posseda des guides infaillibles: & qui ne
sçait que dans ces tems là même, l'Eglise fut
extrêmement divisée, qu'il y eût des erreurs &
des hérésies? On ne connoit qu'une Communion qui prétende avoir l'infaillibilité; quand
on avance, qu'elle ne remédie à rien, y
pense-t-on bien? N'est ce pas quelque chose d'indiquer sûrement le vrai sens de la
parole de DIEU, & d'éloigner tout ce qui
lui est étranger? Que faut-il de plus aux fideles pour marcher sans danger, & pour
fixer leur foi? Les divisions & les disputes
qu'on suppose dans l'Eglise Romaine, ne
regardent point les dogmes & les articles
de foi définis, elles ne roulent que sur des
matieres indécises, où chacun sans péril peut
opiner comme il lui plait. On ne peut
lire sans étonnement ce que M. Ibbot dit
ici, que dans l'Eglise primitive, sous les
Apôtres même, il y a eu des erreurs &
des hérésies. Il n'y a pas assez réflechi. On
avoueroit volontiers que de leur tems il s'est
vû des hérésies: mais jamais l'Eglise ne ren-
ferma d'hérétiques dans son sein: aussi-tôt
qu'ils ont joint l'erreur à l'obstination, elle
les a bannis de sa Communion. Ils sont
sortis d'entre nous, dit S. Jean, parce qu'ils
n'étoient pas des nôtres. M. Ibbot remarque que les hérésies peuvent produire un
bien,

bien, mais ce n'eſt pas une raiſon pour adopter un principe qui tend à les faire naitre.

La ſeconde objection que ſe propoſe M. Ibbot eſt conçuë en ces termes : *Si vous accordez à chacun la liberté de juger pour ſoi-même, vous lui accorderez, dit-on, celle de ne croire que ce qui lui paroit vrai, & par conſéquent celle de ne point croire des articles fondamentaux de la Religion Chrétienne, qui ne lui paroitront pas véritables.*

Telle eſt la difficulté que nous propoſons aux Proteſtans ; voyons comment le Docteur Anglois la réſout. *La reponſe, dit-il, eſt aiſée, & ſe préſente actuellement d'elle-même, on poſe un cas impoſſible. Car ſi l'Ecriture eſt la regle unique de la foi du Chrétien, & ſi cette Ecriture eſt claire dans toutes les choſes dont la connoiſſance eſt néceſſaire pour le ſalut, il eſt d'une entiere impoſſibilité qu'un homme, qui étudie ſa Religion dans la droiture de cœur que cet ouvrage demande, n'y découvre pas toutes les vérités ſalutaires, ou qu'il en rejette aucune de cet ordre qu'il y aura trouvées.* Il y auroit bien des choſes à dire ſur ce qu'on vient de lire ; mais comme on s'eſt fait une loi d'être ſuccint, on ſe contentera de quelques réflexions, qui en développeront le faux. Le cas poſé eſt ſi peu impoſſible, qu'il exiſte actuellement. Eſt-ce que les Sociniens, en jugeant par eux-mêmes, ne nient pas des articles fondamentaux, quand ils soutiennent que J. C. n'est point Dieu, & qu'ils en disent autant du S. Esprit ? D'ailleurs on sçait assez combien on a pressé les Protestans, quand on leur a montré l'impossibilité où ils étoient de fixer la différence d'un article fondamental avec un autre qu'ils prétendent n'être pas tel. Quel est le but de M. Ibbot, quand il établit comme certain ce qui n'est qu'une pure supposition ? *Si l'Ecriture, dit-il, est la regle unique des Chrétiens.* Ne sçait-il pas que c'est une chose contestée, & que les Catholiques soutiennent que la Tradition n'a pas moins de force pour constater un dogme que l'Ecriture même ? Il ne peut encore ignorer que cette Communion n'admet point la clarté qu'il suppose dans l'Ecriture, & qu'elle a besoin d'être interprétée par un Juge vivant. Il y a de la mauvaise foi à supposer comme certain & avoué une chose qui est contestée si légitimement. Tout son raisonnement appuyé sur des conditionnelles fausses, ne peut avoir aucune solidité. Où cet Ecrivain a-t-il pris l'impossibilité qu'il suppose, de ne pas voir toutes les vérités nécessaires, quand on étudie l'Ecriture dans la droiture du cœur ? Premiérement cette condition, d'avoir le cœur droit, est une chose dont on ne peut s'assurer ; on peut se faire aisément illusion sur

cela.

cela. Qui, de Luther ou de Calvin, a manqué de droiture de cœur, quand ils ont vû des choses contradictoires dans la même Ecriture? L'un ou l'autre se trompe; disons mieux, ils errent tous deux, en n'admettant l'un que l'impanation, & l'autre la seule figure. Il n'est donc pas impossible en étudiant l'Ecriture, de rejetter des vérités essentielles, ou de ne pas voir celles qui sont de cet ordre.

Ce que le Docteur ajoute n'est pas moins répréhensible: *On conçoit seulement avec facilité, qu'il y aura bien des choses qu'il pourra n'entendre pas, on ne pas prendre dans le vrai sens; mais il reste toujours à prouver que la foi de ces choses-là soit absolument nécessaire, ou que l'ignorance involontaire en soit criminelle & damnable.* L'évidence force M. Ibbot de faire un aveu qui va plus loin quil n'a cru; car s'il est vrai qu'une homme qui étudie l'Ecriture avec les dispositions qu'il exige, peut n'entendre pas, ou ne pas prendre dans le vrai sens bien des choses, c'est une marque assurée qu'il y a beaucoup d'obscurités dans l'Ecriture. Or cela supposé je demande au Docteur Anglois qu'il me prouve, que tous les passages obscurs ne regardent point ce qui est essentiel à la foi. On apperçoit bien qu'il ne réussira jamais, & qu'il ne fera pour cela que de vains efforts. Si Dieu a permis qu'il se trouvât dans sa parole de

l'obs-

l'obſcurité, on ne voit aucune raiſon pourquoi certains endroits en ſeroient plus ex-
emts que d'autres ; ſur-tout , ſi on ſuppoſe
avec les Catholiques que l'Egliſe en poſſéde
le vrai ſens , & qu'elle peut la développer
ſans crainte de ſe tromper. Quand M. Ibbot exige de nous qu'on lui prouve que les
endroits de l'Ecriture que l'on prend mal,
appartiennent à la foi, nous ſerions en droit
de lui demander comment il prouveroit qu'on
ne peut errer ſur ces choſes-là, & il ſeroit
fort embaraſſé ; mais il nous eſt aiſé de le ſatisfaire. Il ne conteſtera pas, je penſe, qu'il
eſt abſolument néceſſaire de croire la Divinité du Verbe ; il n'eſt pas moins certain que
Crellius & d'autres Sociniens ne prennent
pas le vrai ſens du commencement de l'Evangile de S. Jean, qui concerne ce point de la
foi, qui eſt un des fondamentaux , ou il
n'en eſt point. On eſt bien éloigné de dire
que l'ignorance involontaire ſoit criminelle
ou damnable ; mais il faut remarquer que
celle que M. Ibbot nomme involontaire, ne
l'eſt nullement. Si un Proteſtant s'égare en
liſant l'Ecriture, c'eſt ſa faute, & c'eſt avec
juſtice qu'elle lui ſera imputée, ſon orgueil
& ſa préſomption en ſont la cauſe. Il ne
tiendroit qu'à lui d'avoir de la docilité pour
l'Egliſe, en l'écoutant il ſeroit aſſuré de ne
pas ſe tromper. C'eſt donc très - volontairement qu'un Proteſtant ignore des choſes ab-

ſolu-

folument néceſſaires, qu'il n'apperçoit pas
dans l'Ecriture.   Qu'il ſe rejoigne à l'Egliſe,
il ſçaura par ce moyen tout ce qu'il doit
ſavoir.

Voici la troiſiéme objection que ſe fait M.
Ibbot : *Dès que chacun a droit de choiſir ſa Re-*
ligion pour ſoi-même, il a celui de croire que
celle qu'il a choiſie, eſt la vraie; & voilà qui
met toutes les Religions à niveau, c'eſt à dire,
qui donne aux plus fauſſes tous les privileges de
la vérité.

On remarque ici que M. Ibbot n'énerve
point les difficultés, il les propoſe dans toute leur force.   Le lecteur s'attend à une réponſe travaillée pour réſoudre cette objection
qui eſt conſidérable, mais le Docteur Anglois
s'en tire plus légerement. *Sophiſme tout pur,*
répondrai je auſſi-tôt.   Il faudroit au moins
montrer en quoi péche le raiſonnement de
ſes adverſaires.   Imagine-t-il qu'on le croira
ſur ſa parole ? Après avoir tranché magiſtra-
lement le nœud de la difficulté, il ajoute un
verbiage qui ne pourra jamais en impoſer à
quelqu'un tant ſoit peu attentif. Voici ce qu'il
dit : *Le choix qu'on fait des choſes n'en change*
jamais la nature.   Indépendamment du juge-
ment que nous en portons, toute Religion a ſes
preuves & ſes caracteres de vérité ou de fauſſe-
té, qui lui appartiennent en propre.   Oui; mais
la queſtion eſt de ſçavoir, ſi chaque particulier

lier peut furement connoitre ces caractéres. *Hé bien , que chacun tienne pour vraie celle qu'il a choifie , il ne s'enfuit nullement qu'elles foient toutes égales.* Celle qu'un homme choifit, *par exemple , eft bien vraie par rapport à lui: mais cela ne fait point qu'elle le foit en elle même, parce qu'il a pû fe tromper dans la préference qu'il lui a donnée.* Qui ne voit qui'ici M. Ibbot accorde à fes adverfaires tout ce qu'ils prétendent? L'objection ne veut pas dire que toute Religion eft vraie , ce que notre Docteur combat inutilement ; on veut prouver que l'examen de l'Ecriture par fes propres lumieres eft infuffifant pour trouver la vraie Religion : & qu'en fuivant cette voie on peut s'égarer; c'eft à quoi M. Ibbot ne fatisfait pas par fa réponfe. Ce qu'il ajoute n'y a pas plus de trait: *Il eft fûr , au moins, que le principe , qui laiffe à chacun le droit de juger pour foi même , ne fauroit conclure à l'égalité de toutes les Religions avec la même force , que celui qui ravit aux hommes cette liberté.* Car , *fi l'on doit être aveuglément de la Religion de fon Païs , de fa famille, de fes Ancêtres, il faut que ce foit parce que celle de naiffance eft infailliblement vraie.* Les Catholiques font bien éloignés d'avoir cette penfée; au contraire , ils difent aux Proteftans qu'ils ont tort de refter dans la Religion de leurs peres. On ne doit point croire aveuglément touchant la bonté d'une Religion; la vraie a des caractéres

res évidens qui la séparent de toutes les fausses. Nous n'y sommes attachés que par ces
marques frappantes, qui se font sentir, quand
on veut se dépouiller de ses préjugés & de
l'esprit d'obstination.

La quatriéme objection est ainsi proposée:
*Le droit de juger pour soi-même rend arbitraire
là différence entre le bien & le mal, & mene
directement à légitimer les actions les plus folles & les plus criminelles, auxquelles la Religion servira de prétexte.* Le sçavant Anglois
semble n'avoir formé cette objection que sur
des faits qui se sont passés ensuite de la pré-
tendüe Réforme, qui donnoit à chaque particulier le droit d'interpréter l'Ecriture sainte.
De quelle autre source est venuë cette licence effrénée, qui a produit ce qu'on appelle
là guerre des Païsans ? L'on a cru voir dans
les Livres saints, que les Chrétiens sont ap-
pellés à un esprit de liberté ; de là la révolte
des sujets contre leurs Souverains légitimes :
de-là toutes les extravagances des Quaquers
& des Piétistes ; ajoutons encore celles des
Non-Conformistes en Ecosse. En vit on jamais de plus marquées que celles qu'ils ont
faites à l'occasion des habillemens des Ecclésiastiques, & touchant les Rits les plus in-
différens, qui ont causés des soulevemens
étranges. Les Anglois mêmes ont tourné
en ridicule les bruits scandaleux que les Ministres Puritains ont faits ? pour des choses

)( )(

qui

qui le méritoient ſi peu. Qu'eſt-ce que des actions folles, ſi celles là ne le ſont pas?

Revenons à la réponſe de notre Docteur, elle eſt ſemblable à la précédente ; c'eſt une déclamation toute pure, qui ne touche pas le fond de la queſtion. Voici comme il répond : *Autre ſophiſme, & qui ne differe du précédent que par le tour qu'on lui donne. La différence entre les vices & les vertus eſt fixe, eſſentielle, immuable, & ne dépend jamais de notre caprice ou de nos idées. Que s'il eſt pourtant poſſible que les hommes s'y méprennent, malgré l'évidence des choſes, malgré les principes de la Religion naturelle, malgré les lumieres de la conſcience, cela ne peut-être que pour des hommes qui n'étudient pas leur devoir dans l'Ecriture, ou qui ne l'y cherchent pas avec ſincérité. Ce malheur n'eſt véritablement à craindre que de la part de ceux qui s'abandonnent aveuglement à la conduite de quelqu'autre autorité que celle de DIEU.* On ne peut nier que la différence entre les vices & les vertus ne dépend point de nos idées ; mais quand on ne prend pour regle que ſes idées, rien n'eſt plus aiſé que de prendre le mal pour le bien. Le Docteur n'oſe conteſter que cela ne ſoit poſſible, quand on force les barrieres de la loi naturelle & de la conſcience. Mais quoi de plus commun que de voir ces impreſſions étouffées? M. Ibbot oſera-t-il dire que les premiers Réformateurs n'étudioient

pas

pas leur devoir dans l'Ecriture. Malgré cela
ignore t on les monstrueuses doctrines qu'ils
ont répanduës? Elles sont si honteuses, que
leurs Sectateurs les désavouent sur cela. Que
n'ont pas avancé Luther, Calvin & tant
d'autres, dont M. Ibbot n'oseroit défendre
les excès. C'est mal à propos qu'il fait ici
mention de sincérité, chacun s'en pique, &
on ne peut convaincre personne d'en manquer; c'est avoir recours à une qualité occul-
te. La fin de cette mauvaise réponse tombe
sur les Catholiques, qu'il accuse d'être expo-
sés à l'erreur, en croyant aveuglément. Ils
ne le reposent que sur l'autorité de l'Eglise,
qu'ils sçavent être infaillible, cela les pré-
serve de tout égarement. Cette autorité
n'est pas autre que celle de J. C. qui a dit
en parlant des Pasteurs qu'il a établis: Qui
vous écoute, m'écoute. Le Docteur Anglois
feint d'ignorer notre doctrine, pour combattre avec avantage une chimere.

La derniere objection que se propose M.
Ibbot, est ainsi conçuë: *Mais enfin, répéte-
t-on à toute heure, quels ne seront point les abus
qu'introduira dans l'Eglise la liberté que l'on laif-
se à chacun de lire l'Ecriture, d'examiner sa
Religion, d'en juger pour soi-même? Il n'y
aura point de petit Artisan qui ne présume de
sa suffisance, qui ne s'érige en Docteur, qui
ne se croye aussi habile que ses Pasteurs, qui
ne néglige les instructions qu'il en devroit rece-*

voir. Voilà les raisons, par lesquelles l'Eglise Catholique renverse toutes les sectes qui osent s'élever contre elle. Elles sont accablantes, & je m'étonne qu'elles n'ouvrent pas les yeux à nos freres errans; d'autant plus que la pratique ne justifie que trop, que tout ce qu'on dit ici se vérifie à la lettre. On s'attend peut être que M. Ibbot va faire des efforts, ou pour embrouiller son lecteur, ou pour satisfaire avec quelque apparence à ce raisonnement victorieux. Point du tout; c'est un esprit droit qui ne peut se refuser à ce qui le frappe: c'est un homme franc, & qui parle comme il pense. Que répond-il donc à ces fâcheux inconvéniens, qui battent sa secte en ruine? Un seul mot: *J'en conviens. Ce sont là des abus à craindre, peut-être même inévitables.* Cela nous suffit: tout est terminé par cet aveu. On ne concevra jamais que J. C. ait établi son Eglise sur des fondemens aussi caducs, que ceux qui l'exposeroient à de semblables abus: de l'aveu des Protestans leur Eglise ne peut les éviter, cette société n'est donc pas celle que le Fils de Dieu a établie.

J'avouerai au Public, que j'ai eu une véritable satisfaction, quand j'ai vû M. Ibbot se proposer les difficultés les plus pressantes, que j'avois ramassées contre les hérétiques de nos jours; & qu'un Auteur si éclairé, & si sçavant n'ait pû y répondre que d'une façon,

qui

qui marque combien sa Cause est déplorable. Je n'ai plus douté que si on compare ses réponses avec la force des objections, que tout homme non prévenu sentira que l'on combat toujours avec désavantage, quand on s'éleve contre l'Eglise. Toute l'érudition du sçavant Anglois, la force de sa logique, son zèle pour sa secte, tout cela n'a été qu'une foible ressource contre la vérité qu'il vouloit obscurcir. Dieu soit loué de la victoire que son Eglise tire de la bouche de ses ennemis les plus déclarés & les plus opiniâtres ; disons donc, comme Moïse dans son Cantique : Nos propres ennemis jugent en notre faveur. Qu'est-ce autre chose que les aveus forcés que nous venons de lire, sortis de la bouche de M. Ibbot? Certes, si la Cause des Protestans succombe en de pareilles mains, il faut croire que personne ne pourra dorénavant en entreprendre la défense.

Je me contenterai des courtes réflexions que j'ai faites sur les réponses de M. Ibbot; mais avant de le quitter, je crois intéressant pour la Religion Catholique de remarquer encore certains principes qui lui sont familiers, & qui prouvent ce que nous avons avancé dans le Titre qui est à la tête de cet Ouvrage. On se souvient qu'on a dit, que la tolérance de toutes les Religions étoit une suite du principe commun à tous les Protestans ; en voici la preuve bien claire dans notre Docteur Anglois. * *Si je veux, dit-il, que ma conscience soit libre, je dois le vouloir pour une raison générale; & parce qu'il est juste que celle de mon prochain jouisse d'une liberté toute pareille à la mienne, de quel droit pourrois je donc user d'intolérance à son égard, m'irriter contre lui, le haïr ou le persécuter, parce qu'il juge des choses autrement que je ne le fais, qu'il les voit d'un autre œil & que son examen lui en a donné de différentes idées? Il peut se tromper; mais suis je infaillible? Il se trompe! Hé bien! La charité m'oblige de lui communiquer mes lumieres, pour le retirer de l'erreur. Mais comme il croit, lui, que c'est moi qui me trompe, quelles raisons puis je avoir de l'injurier ou de le maltraiter, qu'il n'ait pas à son tour contre moi?* Voilà ce que la plus droite raison peut dicter, quand on est dans les principes des Protestans. Mais cela prouve en même tems que nous avons eu raison d'avancer, que la prétenduë Réformation autorise toutes les sectes. Cela démontre encore l'injustice des Anglois, & de tant d'autres Sectaires, qui n'usent pas de tolérance envers les Catholiques; ils ont donc double balance. Ils n'usent d'indulgence qu'envers ceux qui errent, afin de grossir leur parti; mais pour la vraie Eglise ils sont intolérans.

M. Ibbot, sçavant comme il est, n'a pû dissimuler que c'étoit une démarche bien hardie de mépriser toute l'antiquité, attendu.

du, dit-il, que *les prémiers Ecrivains de l'Eglise, & sur-tout ceux qui vécurent au tems des Apôtres, ou le plus près de leur tems, furent à portée de mieux connoître la Religion Chrétienne, que nous le sommes, à la distance de tant de siécles.* Il est donc juste que leur autorité décide, & que leur foi soit la nôtre. Cette preuve est la meilleure qu'on puisse apporter pour l'autorité des Peres & de la Tradition. Je ne puis me lasser de louer la bonnefoi de M. Ibbot à rapporter les raisons des Catholiques; mais y satisfait il bien? Le lecteur en jugera. C'est ici un point important, & qui mérite que l'Anglois fasse des efforts pour se débarasser de cette difficulté. Ecoutons-le: *S'il ne s'agissoit que de considérer l'antiquité Chrétienne, comme garant des faits historiques dont elle nous a conservé la mémoire, & que nous ne pouvons sçavoir que par elle, il n'y a point de doute qu'elle ne mérite une entiere créance.* Je me borne à cet aveu aussi simple que précis. On a prouvé ci-dessus que la Religion Chrétienne n'étoit que des faits; de l'aveu de M. Ibbot, l'antiquité mérite une entiere créance pour les faits. On ne peut donc refuser d'admettre le témoignage de la Tradition, ou de l'antiquité, qui est la même chose. Voici donc le témoignage des Peres rentré dans tous ses droits, de l'aveu même d'un des plus sçavans Protestans. Telle est la force de la vérité, qu'elle se fait avouer

de

de ſes plus grands ennemis, quand l'eſprit de chicanne ne les anime pas. Ce ſeroit vainement qu'on objecteroit que M. Ibbot ne parle que des faits hiſtoriques : car les autres faits qui conſtatent la Religion, ſont de même nature. Il s'agit de ſçavoir quel ſens les Apôtres & leurs Diſciples attachoient à ces paroles : *Ceci eſt mon Corps.* Or je ſoutiens que lorſqu'une chaine de témoins, en deſcendant depuis les commencemens de l'Egliſe juſqu'à nous, dépoſent * que ces mots ont toujours été entendus dans le ſens de la réalité ; ce témoignage eſt auſſi fort & auſſi certain pour ce fait, que pour tout fait hiſtorique. Tout ce qu'on pourra alléguer en faveur de la vérité du fait hiſtorique, ſera auſſi preſſant pour la vérité du fait dogmatique. Qu'on faſſe un parallele des raiſons, on les trouvera d'un poids égal. De-là je tire cette conſéquence : ou le raiſonnement de M. Ibbot ne vaut rien pour les faits hiſtoriques ; ou il prouve également les faits de doctrine. Nier le premier, c'eſt réſiſter à ce qu'il y a de plus évident, on ne peut donc ſe refuſer au ſecond.

Le même Ouvrage, d'où j'ai tiré ce qu'on vient de lire, m'a fourni matiere à une réflexion que je ne puis paſſer ſous ſilence. On ſe ſouvient que nous avons fait ſentir plus haut

* Ces Depoſitions ſe voient inconteſtablement dans le Livre intitulé *Perpétuité de la Foi de l'Egliſe ſur l'Euchariſtie,* en 5 Voll, 4to.

haut la difficulté de l'examen particulier. Elle n'a pas échappée à un très habile Proteſtant, c'eſt M. Leng Evêque de Norwich; * il l'a propoſé dans toute ſa force ; mais en y répondant, il eſt contraint d'adopter le ſyſtème Catholique: on va en juger. Je fais droit ſur de pareils aveus , parce qu'ils montrent la force de la vérité , qui les arrache , pour ainſi dire, de ſes adverſaires. *Mais*, dit ce Docteur, *ici ſe préſente à l'eſprit une foule de difficultés , qui d'ordinaire effrayent & révoltent. Sur quoi doit rouler l'examen ? Faut-il comparer toutes les Religions qu'il y a eu autrefois, ou qu'il peut encore y avoir ſur la terre? Faut-il vérifier les titres de tous les prétendus inſpirés ? Faut il approfondir leur hiſtoire, & diſcuter par le menu toutes les diverſes parties de leurs révélations ? L'ouvrage ſeroit immenſe. La plus longue vie n'y ſuffiroit pas. Il doit même y avoir un circuit fixe & certain, une regle générale de diſcernemens, qui nous conduiſe à la vérité , ſans être dans l'obligation de ſuivre le menſonge dans tous ſes écarts, & cette regle générale ne peut qu'abréger extrêmement le chemin.*

Dans la premiere partie de ce raiſonnement, on fait ſentir combien l'examen ſeroit impoſſible, ſi on vouloit le pouſſer auſſi loin qu'il pourroit aller. Mais je m'arrête à ce qui ſuit: *Il faut une regle générale de diſcernemens;*

)( )(ʃ

* Tome 5, pag. 140.

nement ; fans cela *la plus longue vie n'y fuffiroit pas.* Quon faffe l'application de ce principe lumineux à la méthode des Proteftans, & à celle de l'Eglife Catholique ; on appercevra d'abord que ce n'eft que chez elle où il peut avoir lieu. Cette Communion poffede cette regle générale de difcernement ; les Pafteurs prononcent, & tout eft fini. Dans les autres fociétés on contefte fans fin ; rien ne peut terminer les difputes ; il faut examen fur examen, & enfin la plus longue vie ne fuffiroit pas pour le fixer folidement. C'eft une préjugé bien fort pour la Catholicité, que nos adverfaires en établiffent les fondemens, lorfqu'ils y penfent le moins. Cela ne peut venir que de ce qu'ils font frappés du vrai de tems à autre & qu'alors il leur échappe de lui rendre témoignage contre leurs propres principes. Dieu fçait tirer la lumiére des ténebres, & c'eft principalement dans de femblables occafions.

PRINCIPE GENERAL
POUR
LA CONTROVERSE.

De toutes les Controverses que nous avons avec Mrs. de la Religion protestante, il n'y en a point qu'ils craignent davantage, & où les artifices soient plus inutiles, que celle de l'Eglise & du Schisme. Dans les autres disputes, où il s'agit d'examiner un grand nombre de passages de l'Ecriture, & des Peres, ils ont d'ordinaire assez d'adresse pour envélopper la verité de tant de nüages, la deguiser par tant d'artifices, & fatiguer les esprits par des longueurs si ennuïeuses, que plusieurs la perdent aisement de veüe, & que les mieux intentionnés se trouvent quelquefois en danger de s'y méprendre. Mais lorsqu'en mettant à part toutes les disputes, on s'arrête sur le point de l'Eglise & du Schisme, on voit tout d'un coup qu'ils sont separés de l'Eglise: on sent l'horreur de la rupture qu'ils ont fait avec elle; on découvre les illusions dont ils s'abusent eux-mêmes, en voulant tromper les autres: on apperçoit leurs faux fuiants; & malgré toutes leurs distinctions, leurs hypotheses, leurs figures, & leurs Sophismes, il n'est pas possible qu'ils échapent; & qu'ils empéchent qu'on ne reconnoisse l'injustice du parti où ils sont malheureusement engagés.

Ce

Ce qui rend cette matiére plus importante, c'eſt que quiconque a trouvé la véritable Egliſe, il a tout trouvé. Il n'a plus qu'à l'écoûter & à la ſuivre. C'eſt un guide qui conduit ſeurement à la connoiſſance de la verité; une lumiére qui diſſipe les nüages de l'erreur; un Oracle qui réſout tous les doûtes d'un eſprit chancelant; & un principe ſur lequel on condamne ſans crainte, & même ſans examen, toutes les Hereſies.

Au reſte, il y a d'autant plus de facilité dans l'éclairciſſement de cette matiére, que ceux de la Religion Proteſtante reconnoiſſent que l'Egliſe ne peut entierement perir. Ils avoüent, ſoit par feintiſe, ſoit de bonne foy, il n'importe, qu'elle eſt viſible; & ils diſent, qu'encore que Saint Paul en l'appellant * *la Colomne & la Baze de la verité*, n'ait pas prétendu la rendre infaillible, il a voulu neanmoins nous apprendre qu'elle eſt la dépoſitaire des verités Divines; & que nous pouvons préſumer de n'être pas dans l'erreur, tandis que nous demeurons attachés à ſa doctrine.

Il n'y a donc qu'à leur faire voir, qu'ils ont rompu avec elle, pour les convaincre du plus grand de tous les crimes, qui eſt le Schiſme; & même pour les obliger d'avoüer, que leur doctrine étant differente de la ſienne, il ne ſe peut pas qu'ils ne ſoient Heretiques. Or

____

* 1. Tom. 3. Calv. l. 4. Inſtit. c. 4. Bez. de Not. Du Moulin cont. le Card. du Per. c. 1.

Or cette rupture des Proteſtans avec l'Egliſe Catholique eſt ſi évidente, que quelques efforts qu'ils faſſent il ne leur eſt pas poſſible de s'en défendre.

Ils diſent, qu'ils ont rompu avec l'Egliſe Romaine ſeulement; & par là ils voudroient nous engager dans de longues diſputes ſur le droit qu'elle a de porter la qualité de vraie Egliſe. Grace à Dieu, comme nôus en ſommes bien perſuadés, nous n'apprehendetons jamais d'entrer dans cette Controverſe, quand nos adverſaires la voudront faire de bonne foy. Mais il y a une voie plus courte; & l'aveu qu'ils font d'avoir rompu avec l'Egliſe Romaine, ſuffit pour rendre leur Schiſme tout aſſuré.

Car ou cette Egliſe êtoit orthodoxe dans le temps qu'ils s'en ſont ſeparés, ou elle êtoit Heretique; on leur laiſſe la liberté de la qualifier comme il leur plaita, ſans même être obligés d'en rendre aucune raiſon. S'ils avoüent qu'elle êtoit orthodoxe, il ne ſe peut pas faire que leur ſeparation n'ait été Schiſmatique; étant impoſſible de rompre avec une Egliſe orthodoxe ſans Schiſme. S'ils diſent qu'elle êtoit Heretique, & que c'eſt ce qui les a porté a s'en ſeparer, ils étoient donc eux-mêmes, avant leur ſeparation, dans une Société Heretique; & comme depuis la ſeparation ils ne ſe ſont point unis à aucune autre Egliſe, mais qu'ils en ont fait une à part, il

eſt

eft certain qu'ils ne font pas encor plus Catholiques qu'ils l'étoient auparavant. Car pour
être Catholique il ne fuffit pas de fortir d'une
communion Heretique, comme Saint Auguftin l'a fouvent prouvé contre les Donatiftes ;
il faut neceffairement s'unir à une autre qui
foit la vraie Eglife ; il la faut chercher ; il la
faut trouver à tel prix que ce foit. Sans cela
la feparation eft ouvertement Schifmatique, felon la doctrine de tous les Peres. Comme
donc Mrs. les Proteftants en fe feparant de
l'Eglife Romaine ne fe font unis à aucune autre ; mais qu'ils ont fait, ainfi qu'ils l'avoüent
eux mêmes, une Communion feparée de toutes les autres Societés Chrêtiennes qui étoient
alors au Monde, ils font ouvertement Schifmatiques : Et d'ailleurs, comme on ne peut
fans Herefie, tenir des doctrines contraires à
celles qu'on trouve établies dans toutes les anciennes Societez Chrêtiennes ; d'abord qu'on a
obligé Mrs. les Proteftants de confeffer, qu'ils
tiennent plufieurs doctrines condamnées, non
feulement par l'Eglife Romaine, mais même
par toutes les autres Societés qui en font feparées, les voila manifeftement Heretiques &
Schifmatiques tout enfemble.

De forte que par ce feul moien, on peut
fans peine terminer tous les differens que nous
avons avec eux ; abbreger les difputes ; convaincre les fçavans auffi bien que les fimples ;
& perfuader à tous ceux qui defirent d'être
inf-

inſtruits, que juſques alors ils ont marché dans les tenebres, & qu'ils ſont ſortis de la voie de la verité & du ſalut.

Auſſi eſt ce la methode la plus ordinaire dont les Peres ſe ſont ſervis pour convaincre les Heretiques de leur temps. * C'eſt par là que Saint Cyprien, Saint Jerôme, & Saint Auguſtin ont fermé la bouche aux Novatiens, aux Luciferiens, & aux Donatiſtes. Car quoique ces Saints Docteurs n'aient jamais refuſé d'entrer en diſpute contre eux, par la diſcuſſion des paſſages que ceux-ci ont toûjours temeremerairement oppoſés aux Catholiques; neanmoins ils ſe ſont ſouvenûs de l'avis de ** Tertullien, qu'on pouvoit r'amener tous les Heretiques paiſiblement & ſans peine par une voie plus courte, en n'emploiant que de certaines maximes generales dont ont convient de part & d'autre ; & dont les conſequences convainquent naturellement tous les eſprits raiſonnables. Dans ce deſſein ils ont tous crû, que la neceſſité d'être dans l'Egliſe pour être ſauvés, étant une verité qu'aucun Heretique n'a encor oſé nier ; ils pouvoient s'en ſervir contre eux, comme d'une *Preſcription* , c'eſt à dire ſelon les termes du droit, comme d'une conviction entiere, par la ſeule application d'une maxime certaine, dont on a été en poſſeſ-
ſion

* Cyp. de ſimp. Præl. Hier. Dial. cont. Lucif. Aug. toto lib. de unit. Eccleſ.

** Tertul. I. de præf. c. 14.

fion de tout tems. Cette voie eft d'autant
plus naturelle, quelle a du rapport à celle dont
Dieu même s'eft voulu fervir pour l'établiffe-
ment de fon Eglife. Car pour peu qu'on y
faffe d'attention, on verra qu'il a eu deffein de
la compofer plûtôt de cœurs humbles & doci-
les, que d'efprits fubtils & élevés, & que
voulant conduire les uns & les autres à la
connoiffance de la verité, il l'a, pour ainfi dire, environnée de preuves communes & fen-
fibles, qui perfuadent les plus fimples & les
moins intelligents. Ainfi Jefus-Chrift lui-
même voulut que fes prédications fuffent ac-
compagnées de miracles, & d'autres caracteres de Divinité fi extraordinaires, que fes
plus grands ennemis furent obligés d'avoüer,
que jamais homme n'avoit parlé comme lui.
Les Apôtres, & les premiers Predicateurs de
l'Evangile ne chafferent l'Idolâtrie du Monde, que parceque les Peuples ne les pouvoient regarder fans étonnement. Et quoique
ceux qui leur ont fuccédé depuis, n'aient pas
toûjours eu un éclat fi extraordinaire de miracles & de Sainteté; neanmoins la divine
providence n'a jamais ceffé d'accompagner fon
Eglife de certaines marques exterieures, qui
la font aifement diftinguer des Societés Schifmatiques, & qui font qu'on juge, fans autre examen, qu'il eft raifonnable d'écoûter
ce qu'elle nous prêche; & que les autres
ne meritent feulement pas qu'on les entende.

F I N.

EXPOSITION ABREGE'E DES MOTIFS

Pourquoi S. A. S. Antoine Ulric Duc de Brunsvvig & Luneburg, est rentré dans le sein de l'Eglise Catholique-Romaine.

A SES PARENS ET AMIS PROTESTANS.

NE croyez pas, *mes chers Amis*, que j'ai inconsidérement abandonné les fauſſetés & l'eſprit de Secte de votre Parti pour embraſ-ſer la Religion Catholique-Romaine. Non, ce n'a été que pour l'amour de mon ſalut que je l'ai fait, après une meure deliberation, com-me vous verrez par les Motifs & les Raiſons que j'en ai eus, & dont voici la courte Ex-poſition.

J'étois autrefois de votre Religion, que par une fauſſe perſuaſion vous nommez Evangeli-que. J'y ai renoncé pour me réünir à cette ſeule vraye Egliſe chretienne, que les Evêques de toutes les Parties du monde, aſſemblés en Concile à Nicée contre les Sectes des premiers ſiêcles, ont déſignée comme étant *Une* (unie par la Foi ; dans ſon Chef inviſible JESUS-CHRIST ; & dans la Foi, au Vicaire viſi-ble, le ſucceſſeur de St. Pierre, à qui N. S. a confié le Pouvoir de lier & de délier les pé-cheurs.) *Sainte*, établie divinement (& non humainement comme les Sectes); ſainte en ceque les Martyrs & les autres Saints du N. Teſt. ſont morts dans ſa communion. *Catho-lique* (univerſelle pour les Tems & pour les

(**)

Lieux

Lieux , ayant ſon origine & ſa continuation viſiblement depuis l'Etabliſſement du Chriſtianiſme jusqu'à preſent , & où les Sacrements ont été adminiſtrés juſqu'à preſent, malgré les Puiſſances de l'Enfer,   malgré   les efforts du Paganiſme & de l'Héreſie.   *Apoſtolique* : une Egliſe fondée par les Apotres, étendue dans toutes les Parties du monde , unie & continuée par les Evêques duement ſacrés pour la Predication Apoſtolique , & pour le Gouvernement du Troupeau de JESUS-CHRIST.

Pour préferer l'Egliſe Catholique j'ai eu encore les Raiſons ſuivantes.

Il eſt à obſerver en general dans les Prédicans de toutes les Sectes *Proteſtantes* , que , bien qu'ils parlent avec grand éloge des merites & de la ſatisfaction de JESUS-CHRIST, ils prêchent contre les Bonnes-oeuvres tellement, que leurs auditeurs ne peuvent que ſe croire diſpenſés à imiter la vie du Fils de Dieu : par là ils donnent occaſion à ceux qui aiment le péché, (eh! qui eſt exempt de paſſions?) de ne ſe pas croire obligés à la mortification de la Chair & de l'orgueil de la Vie.

1. Vous prétendez , vous Lutheriens & Calviniſtes , établir un Etat Evangelique ! cela m'a paru en verité inconcevable. Car comme touchant la Foi vous diſconvenez entre vous en pluſieurs Articles tout-à-fait oppoſés , je ne pûs nullement comprendre qu'il fut poſſible que vos deux Religions, d'une differente doctrine, puſſent être conformes à l'Evangile.

gile. Les choses qui sont differentes entr'elles
ne peuvent être conformes à une troisiéme. La
lumiere de la Raison nous dicte nettement cela.

2. Si l'une ou l'autre de ces deux Religions
est conforme à l'Evangile, & par conséquent
Evangelique, l'une de ces Religions, *par exemple* la Lutherienne, pour prouver qu'elle
est Evangelique devroit avoir des argumens
dont la Religion Calviniste ne pourroit avec
le même droit se servir pour démontrer que
c'est elle qui l'est: & au contraire. Mais aucun de vous ne peut produire tel argument
contre son adversaire. Je n'ai donc pas eu de
raison pourquoi je deusse être plûtôt Lutherien
que Calviniste, ou Calviniste plûtôt que Lutherien; ni je n'en ai pas non plus eu pour croire
que les uns d'entre vous étoient plûtôt Evangeliques que les autres.

3. Je ne trouvai pas de fondement, pourquoi
les Lutheriens seuls se nomment *Evangeliques,*
& que les Calvinistes se qualifient du titre de
Religion Reformée. Je n'en découvris pas non
plus, pourquoi les Anabatistes, les nouveaux
Ariens & les Unitaires ne doivent pas être ainsi nommés : car les Lutheriens & les Calvinistes n'ont point d'argument pour leur défense,
dont ceux-ci ne puissent avoir autant de droit
de se servir en faveur de leurs Sectes. Comme
donc il n'y a point plus de raison pour les Lutheriens & pour les Calvinistes, qu'il n'y en
a pour les Anabatistes, pour les Ariens & pour
toutes les autres Sectes, auxquelles les Luthe-

riens

riens & les Calviniftes dénient ces tîtres de
nouvelle fabrique : par la même raifon les Lutheriens & les Calviniftes ne doivent être nommés Evangeliques ou de la Religion Reformée
ni quant à la chofe ni quant à la dénomination.
C'eft pourquoi je rejettai juftement ces fortes de Sectes comme étant toutes fans folidité
& également méprifables.

4. Je fçavois pour certain, comme vous a-
voüez vous-mêmes, que beaucoup de ceux
qui vécurent & moururent en la Foi Catholique-Romaine, font fauvés. Au contraire vous
ignorez fi quelqu'un de vos Sectateurs joüit de
cette gloire. J'ai agi donc prudemment quand
je pris la voie la plus affurée du falut.

5. J'inferois de cela même, que la Foi Catholique-Romaine étoit la veritable, puifque
fans la vraye Foi il eft impoffible de plaire à Dieu.
Car quiconque eft fauvé, plait à Dieu. Comme donc plufieurs de l'Eglife Catholique-Romaine font fauvés, il faut de neceffité que la
Foi en foit véritable & fanctifiante.

6. J'allai plus loin. Puifque la Foi Catholique-Romaine eft la fanctifiante & la veritable,
il s'enfuit que toutes les Religions qui
lui font contraires, font fauffes. Car il n'y
a qu'une Foi veritable & fanctifiante, comme
il n'y a qu'un Vrai Dieu.

7. Non feulement les Catholiques, mais qui
plus eft, les non-Catholiques avoüent eux-
mêmes qu'on peut fe fauver en la Foi de l'E-
glife-Romaine. Mais il n'y a que les Non-
Catho-

Catholiques qui foûtiennent qu'on peut auffi se fauver en une autre Religion. C'eft ce que tous les Non-Catholiques difent de châcune de leurs Sectes particuliéres. Les Catholiques cependant le leur nient abfolument. Or ce que deux partis oppofés accordent', eft inconteftablement plus certain que ce qui eft affuré d'un parti, & abfolument nié de l'autre. Voulant donc proceder avec plus de certitude, j'agis felon la raifon lorfque je préferai la Foi Catholique - Romaine à toutes les autres Religions.

8. Confultant ce que les SS. Peres de la primitive Eglife nous avoient laiffé par écrit touchant la Foi, je vis qu'ils exaltoient, confeilloient & loüoient uniquement la Catholique-Romaine, & que .toutes les autres Religions en étoient rejettées & condamnées. C'eft pourquoi je refolus de fuivre leur prudent confeil & leur folide fentiment.

9. Tous les Saints & toutes les Saintes, que nous conoiffons depuis le commencement de l'Eglife fondée par JESUS - CHRIST jufqu'à préfent, vecurent dans l'Eglife Catholique-Romaine.

10. Pour défendre la verité de cette Eglife, tant de mille Martyrs donnérent leur fang & leur vie, triomphans d'une très - cruelle mort, au milieu des fupplices les plus atroces.

11. Tous ceux qui attaquérent cette Eglife s'en étant feparés, comme fit Arius, Pélage, Marcion, Macedonius, Manichée, &c. avec

 leurs

leurs Sectateurs brûlent pour jamais dans les enfers.   Luther, Calvin & semblables inventeurs de nouveautés, furent pareillement des Hérésiarques.   C'est pourquoi je ne voulus pas, les prenant pour guides, m'exposer au peril de la damnation éternelle.

·· 12. La Foi de l'Eglise Romaine fut celle de St. Paul, comme cet Apôtre le témoigne aux Rom. 1. v. 2. Je n'ai donc pas dû chercher une autre Foi, que celle là.

13. Si je ne m'étois par la grace de Dieu déterminé à la Foi de l'Eglise Catholique-Romaine, les autres Religions me troubloient tellement l'esprit dans le choix que j'avois à faire, que je ne l'aurois jamais fait avec la tranquilité de mon Ame.   Car j'aurois toûjours eu le susdit doute, laquelle de tant & de si differentes Religions étoit la veritable & la Sanctifiante.

14. Il se trouve dans toutes ces autres Religions des Paradoxes incroyables , & repugnans à la droiture de la Raison, comme on peut voir aux Considerations 15. 16. 17. & 18. (*)

19. Toutes ces Religions d'aujourd'hui opposées à la Catholique Romaine, sont de nouvelle invention, & telles, qu'avant l'an 1517. per-

---

(*) Ces Considerations, Explications & Preuves sont imprimées sous le Titre *Cinquante Raisons ou Motifs &c.* & se trouvent là où le present Ecrit se vend.

perſonne ne les tint, ne les enſeigna, & ne les ſuivit. Cela ſe prouve dans la Conſideration 19. & 20.

21. Ces nouvelles Religions ne ſont follement compoſées que des hereſies que l'Egliſe condamna autrefois, de tems à autre.

22. L'Egliſe Catholique-Romaine eſt la ſeule où l'on puiſſe veritablement trouver les Marques de l'Egliſe de JESUS-CHRIST, ſçavoir qu'elle eſt *Une, Sainte, Apoſtolique, & Catholique.*

23. C'eſt la ſeule Religion pour laquelle toutes les Nations renoncérent au judaïsme, au paganiſme & à l'idolatrie.

24. Les Chefs de ces nouvelles Religions ne prouvérent jamais par le moindre miracle, d'avoir été envoiés de Dieu pour reformer l'Egliſe.

25. Au contraire ce furent des libertins, des violateurs de vœux, dés apoſtats, des impies, des blaſphemateurs, des gens dignes de mépris.

26. Les adherans de ces Religions ne travaillérent jamais apoſtoliquement à la converſion des Idolâtres; mais ſeulement à pervertir des Catholiques, quoiqu'ils avoüent qu'on peut faire ſon ſalut dans cette Religion.

27. Il ſe trouve en la Religion Catholique-Romaine grand nombre de perſonnes de l'un & l'autre ſexe, d'une illuſtre naiſſance, & fort riches, qui ſe conſacrent volontairement au ſervice de Dieu, & paſſent la vie en une pauvreté volontaire & en une pureté Angelique. Dans les autres Religions on ne voit pas que des en-

fans

fans de Maifon & d'une Nobleffe diftinguée embraffent l'état de Prédicans, dont perfonne ne vit prefque jamais en continence. D'où il eft évident que c'eft la feule neceffité qui les porte à cet emploi. Au lieu que dans la Religion Catholique-Romaine, c'eft le feul amour de Dieu, & de leur falut, & la verité de la Foi qui les animent à fe dévoüer entiérement au fervice divin.

28. La continence, qui eft un don du Ciel, n'eft pas le partage des Prédicans, comme elle l'eft de tant de Religieux & de Religieufes de la Religion Catholique Romaine, lefquels par la grace celefte ne vivent pas feulement en continence, mais dans une Virginité eloignée de la moindre foüillure.

29. Les Ecrivains Non-Catholiques, dans la plûpart des argumens dont ils fe fervent pour combattre les Catholiques, attaquent ce qu'on ne leur nie pas; & n'ofent toucher (ou à peine le font-ils) à la doctrine comme elle s'enfeigne chez les Catholiques, n'ayant autre but dans toutes leurs déclamations, que de rendre les Romains odieux & féduire le peuple.

30. Les armes des Non-Catholiques contre les Romains font des calomnies injurieufes & d'évidens menfonges, & non pas de bons & de folides argumens.

31. Les Novateurs ne fatisfont pas aux argumens des Catholiques : mais en éludant la force quand on les preffe, ils changent d'abord

de

de matiére & vont prendre une autre suite de controverse, sans jamais tenir ferme.

32. Les Sectateurs de ces nouvelles Religions interprétent selon leur caprice les SS. Ecritures, & retranchent des Livres Canoniques ceux qu'il leur plait. Même châcun d'eux est son interpréte comme bon lui semble. Mais parmi les Catholiques, les Livres Canoniques sont par tout les mêmes, par tout la même Interpretation de l'Ecriture, le meme Sens & la même Version.

33. Ces nouvelles Religions disconviennent extrêmement entr'elles dans les articles de la Foi : même ceux d'une Religion (comme est par exemple la Lutherienne, &c.) ne s'accordent pas entr'eux en matiere de créance, jusqu'à leurs Catechismes qu'ils font apprendre aux enfans.

34. Les éditions de la Confeſſion d'Ausbourg, laquelle les Lutheriens tiennent pour le fondement de leur Religion, ne se reſſemblent pas, & sont fort diferentes de l'original.

35. Les nouvelles Religions ouvrent une voie large & spacieuse à toute sorte de dissolution, de volupté & de libertinage, quoique nôtre Sauveur ait enseigné que la voie qui méne au Ciel, est fort étroite.

36. Les Défenseurs de ces Religions interprétent selon leur fantaisie les Saintes Ecritures : ils en tronçonnent plusieurs Textes & paroles; ils y en ajoûtent d'autres. De plus ils

en altérent & en corrompent quelques-uns. Voiez la Confideration 36.

37. Les Religions oppofées à la Catholique Romaine, n'ont point de fucceffion, ni de leur doctrine ni de leurs Pafteurs, depuis le tems des Apôtres.

38. Les Sectateurs ne s'accordent nullement dans l'interpretation des Saintes Ecritures, comme on le prouve en la Confideration 38. 39. & 40.

41. Tous les monumens de l'antiquité, tous les anciens écrits prouvent que la Religion Catholique-Romaine eft la feule qui a été fondée, établie, & confirmée en la Chretienté.

42. Quoi-que l'Eglife Romaine ait été depuis fon commencement jufques aujourd'hui attaquée par les Tyrans, par les Idolâtres, par les Payens, & par les Héretiques, elle demeura toûjours cependant inébranlable, & elle l'eft encore à l'heure qu'il eft ; au lieu que les autres Religions perirent & difparurent.

43. Les Non-Catholiques ne profeffent point de doctrine, qui traite de la perfection & de l'exercice des Vertus Chrétiennes, pour la Mortification effective de la chair & du propre fens. Mais chez eux on permet beaucoup aux defirs & à la concupifcence de la nature dépravée. *Voyez ci-après les Notes.*

44. Les affemblées des Sectaires, même celles où l'on fabriqua les Confeffions ou les Profeffions de Foi pour les Religions modernes,

ne

ne peuvent entrer en la moindre comparaison
(ni par la doctrine, ni par la Sainteté, ni par
le concours des peuples divers) avec les Conciles Generaux de l'Eglise Catholique-Romaine
& avec les Peres qui s'y trouverent.

45. Les principes sur lesquels les Non-Catholiques s'appuïent, ne sont pas propres pour
former une bonne conscience, digne d'un homme Chrétien. Voyez ciaprès Note (a).

46. Leurs Prédicans n'ont en bouche que
ce qui peut rendre la Religion-Catholique mé-
prisable. Ils dissimulent tout ce qu'il y a de
plus dangereux en leur Religion, & tout ce
qui méne à la perdition les ames qui sont sous
leur conduite. Voyez Note (b).

47. Les plus méchans & les plus tiédes d'entre les Catholiques ne sont pas pires que les
meilleurs & que les plus fervens des Non-Catholiques. Voyez Note (c).

48. Aucun des Catholiques ne passe aux autres Religions pour vivre plus saintement.
Au contraire c'est pour mener une vie plus
agréable, plus libertine.

49. Il y a dans les saintes Ecritures plusieurs endroits qui nous attestent que l'Esperance, la Charité, la Penitence, les Aumônes &
les autres œuvres de misericorde sont meri-
toires pour la vie éternelle. Ce que les Novateurs modernes nient, disant faussement que
la Foi seule suffit.

50. Il arrive fort souvent que les Non-Catholiques les plus opiniatres souhaitent de mou-

rir

rir & qu'ils meurent effectivement en la Foi Catholique : & nous ne voyons pas qu'aucun Catholique defire de mourir dans une des autres Religions.

<hr>

NOTES.

(a) La Confcience eft un acte de l'Entendement ou de la Raifon, qui nous dicte ou nous avertit qu'une chofe eft licite ou illicite, & par confequent qu'il faut la faire ou la laiffer. Ainfi la Confcience eft la Regle immediate & la plus proche de nôtre volonté. Cela étant, voyons quelles font ces Regles qui dirigent la volonté fuivant la Doctrine des Catholiques, & felon celle des Non-Catholiques.

Regle Catholique.	Non-Catholique.
1. *Il faut fuïr toute forte de peché, & avec l'aide de Dieu il eft dans le libre arbitre de l'homme de pecher ou de ne pas pécher.*	1. Les commandemens de Dieu font impoffibles, on ne fçauroit les obferver.
2. *Tout peché mortel merite la peine éternelle, & un feul peché de cette efpece fuffit pour être damné.*	2. Chacun doit croire qu'il eft fauvé & prédeftiné.
3. *On ne doit point faire de peché pour quoi que ce foit : tellement qu'il vaut mieux mourir mille fois que de faire un feul peché, fi petit qu'il puiffe être.*	3. Dieu n'impute aucun peché à quiconque a cette créance.
4. *Il faudra rendre compte à Dieu du moindre peché, ne fut-il qu'une parole oifeufe.*	4. L'homme n'eft damné pour nul autre peché, que pour celui d'infidelité.
5. *Le peché ne fe pardonne pas à moins qu'on ne reftituë ce qu'on a pris.*	5. Les bonnes œuvres ne font pas meritoires devant Dieu pour la vie éternelle.
6. *Aprés avoir fait un*	6. Il n'eft pas neceffaire de faire penitence de nos pechés, puisque JE-SUS

peché mortel, il ne reste que l'Enfer ou la penitence.

7. Il n'y a point d'action honnête surnaturelle, qui ne merite la gloire & la grace surnaturelle & son accroissement.

8. Il faut en la Confession se confesser de tous les pechés mortels, & les dire à un Prêtre qui a pouvoir de les oüir & d'en absoudre.

SUS - CHRIST a déjà par sa mort & par son Sang satisfait pour nous.

7. Il n'est pas en nôtre pouvoir d'éviter les pechés.

8. Personne n'est obligé de se confesser de ses pechés nommément: la Foi seule suffit pour le salut, &c.

Qu'on voie & qu'on examine maintenant quelle Conscience on se formera sur ces derniers principes, pour fuïr le mal & pour faire le bien? Au lieu que les Regles de la Doctrine Catholique butent uniquement à cela, & qu'elles peuvent se mettre en exécution. Je fus donc convaincu qu'il valoit mieux pour la sûreté de ma conscience que je suivisse les Regles des Catholiques que celles des Non-Catholiques.

(b) Ce qui me déplût plus que chose du monde dans les Prédicans, c'est qu'ils s'emploient à railler les Ecclesiastiques, les Ceremonies Catholiques, & le Rituel, pendant qu'ils dissimulent adroitement les choses qui sont de la derniere importance de leur Religion, & qui sont les plus necessaires pour le salut du peuple. Telles choses sont : Qu'ils ne sont point du tout Prêtres, n'ont aucune puissance de consacrer l'Eucharistie, & n'ont point l'authorité d'absoudre des pechés ; en quoi néanmoins consiste l'office de la dignité Sacerdotale. D'où il arrive que le peuple est lourdement trompé par ces Ministres, qui font croire à ces dupes qu'ils reçoivent sous deux especes le Corps & le Sang de JESUS-CHRIST, lorsque faute de puissance Sacerdotale en leurs Predicans ils ne le reçoivent

çoivent fous aucune efpece, mais fimplement du pain
& du vin, & rien d'autre. Ils perfuadent auffi leurs
Adherens qu'ils n'enfeignent que ce que l'Eglife Primitive & les faints Peres de l'antiquité tinrent & enfei-
gnérent.   Ce qui eft abfolument faux, comme ils le
fçavent bien eux - mêmes en confcience. Ils n'enfeignent pas aux leurs à faire penitence des péchés qu'ils
ont commis,   cultiver les vertus,   la Mortification &c., fe prévalant de cette fauffe doctrine:
que nos Oeuvres, ne font point méritoires (cequi
eft contraire, entre autres, au fermon de N. S. fur
la Montagne, connu par rapport aux huit Béati-
tudes).   Ils y ajoutent, que le Sauveur a par fa mort
fuffifamment fatisfait pour nos pechés ; & qu'ainfi
il nous a merité le Royaume des cieux. Tellement
que, de la Paffion, de la Mort & de la fatisfaction de
JESUS - CHRIST ils prennent occafion de vivre
dans le libertinage.   Mais la Doctrine Orthodoxe enfeigne (quoique la Paffion & la Mort du Fils de Dieu
foient d'elles - mêmes plus que très-fuffifantes pour
les pechés de tout le genre humain, & que le merite
en foit d'un prix infini) que le Sauveur veut que
nous nous en appliquions les fruits, imitant fes vertus, & côoperant à fa douloureufe Paffion, par fuïr
le mal & faire le bien. L'avenement de JESUS-CHRIST
en ce monde eut deux fins; la premiere étoit de
fatisfaire pour nos pechés, & de nous délivrer de la
damnation éternelle; la feconde, de nous donner un
très - parfait modéle de toutes les vertus, & de nous
infpirer l'amour de fon imitation, comme il nous
dit lui même en St. Jean. 13. v. 15. *Je vous ai donné exemple, afin que penfant à ce que j'ai fait,
vous faffiez auffi de même.* En S. Matt. 11. 11. v. 20.
Apprenez de moi que je fuis doux & humble de cœur.
St. Pierre nous declare encore en fa 1. Epître c. 2.
v. 21. que JESUS-CHRIST *a fouffert pour nous, nous
laiffant un exemple, afin que nous marchions fur
fes pas.*

(c)Com.

(c) Comme j'étois parmi les Catholiques, je pris garde, qui selon leur jugement paffoit pour mauvais Catholique & pour relâché? Je reconnus qu'ils prenoient pour tels ceux qui n'obfervoient pas les Commandemens de Dieu, qui ne s'appliquoient pas à faire des bonnes œuvres, qui fuïoient & negligeoient la Confeffion, qui affiftoient peu fouvent à la fte. Meffe, qui frequentoient rarement le Sacrement de Pénitence, qui fuivoient les plaifirs des fens, qui ne gardoient pas les jours de jeûne, &c. Puis je tournai les yeux du côté des Non Catholiques, & je vis qu'independamment de toutes ces chofes on ne laiffoit pas d'être parmi eux en reputation de pieux Proteftant & de fervent Evangelique. J'inferai de là, que les plus tiédes Catholiques valent pour le moins autant que les meilleurs Proteftans ou que les meilleurs Evangeliques. Et je fus confirmé dans cette gradation, que j'avois autrefois entenduë: Du plus méchant des Catholiques on devient bon Lutherien: du plus méchant Lutherien, on devient le meilleur Calvinifte: du plus méchant Calvinifte, le meilleur Arien: du plus méchant Arien, le meilleur Mahometan.

C'eft à vous maintenant, autrefois mes Affociés en Religion', & à préfent encore mes très-chers Parens, Amis & Compatriotes, que je m'adreffe, vous conjurant par les cinq Playes de JESUS-CHRIST, par fon très précieux Sang, prix de notre redemption, & par le falut éternel de vos ames, de préférer la voie certaine du Ciel pour une incertaine. Penfez attentivement quelle fut la Foi de vos Ancêtres, & quelle fut celle que fuivirent les premiers Chrétiens de votre Nation étant fortis du Paganifme. Confiderez dans quelle Religion vécurent ces grands Saints, que vous-mêmes reconnoiffez pour tels. Pefez mûrement ces Motifs de ma Converfion, lefquels je vous propofe avec un cœur plein d'une affection fincere. Retournez dans le chemin de vos Peres & dans la voie des Saints, dans la Religion

qui

qui fubfifte depuis tant fiécles, & qui fut confirmée, défenduë, & arrosée du Sang de tant de Martyrs : Religion, que tous les anciens SS. Peres de la
primitive Eglife foutiennent, & approuvent. Religion contre laquelle, comme dit le Sauveur, les
portes de l'Enfer ne prévaudront jamais. Mettez
vous devant les yeux le falut de vos ames: *Car que
ferviroit à un homme de gagner tout le monde, & de
perdre fon ame? Ou par quel échange l'homme pourra-
t'il racheter fon ame après qu'il l'aura perduë.* S. Matt.
16. v. 26. Nous n'avons qu'une ame, de la félicité
de laquelle il s'agit en cette grande affaire. Le falut
éternel ne s'acquiert pas hors la vraie Eglife. Il n'y a
qu'une feule Eglife de veritable, qui n'eft pas autre que
la Catholique Romaine. Embraffez-la donc & m'i-
mitez en cette fainte refolution. Que Dieu vous en
faffe la grace, afin que nous puiffions nous achemi-
ner enfemble vers la félicité éternelle !

*Toute plante que mon Pere Celefte n'a point plantée,
fera arrachée.* S. Matt. 15. v. 23.

NB. *Pour plus ample inftruction fervent excellemment:*
La Folie des Efprits forts, des Indifferents & des Se-
    paratiftes, dévoilée par divers Auteurs célébres,
    dont on a récucilli quelques petits écrits en 2 To-
    mes 8. Berlin 1753.
MAHIS, de la Verité de la Religion Catholique. 8.
    On peut-avoir le même Livre en Latin. 8.
Verité de la Religion catholique, avec la Refutation
    de Mr. Pfaff. Par Mr. D. B. S. 8.
Defenfe du Dogme de l'Eternité des Peines 8.
ROHAN, de la Penitence. 8.
    le même livre fe trouve en Allemand.
LAFITEAU, Hiftoire circonftanciée de la Conftitu-
    tion ou du Janfenifme. 3. Voll. 8.
*Pour les Lecteurs Allemans qui veulent s'inftruire de
    l'Hiftoire univerfelle de la Religion, & en connoi-
    tre clairement les Fondemens, on a imprimé:*
HOLLANDERS Bibliothec für die Unftudierten Lieb-
    haber der Wahrheiten des Seelenheils. XI. Voll. 8.
    Francfurt. 1753.

BIBLIOTHEQUE
De Livres de Pieté.

Livres de Pieté Catholiques.

1 **A**bregé de la Cité miftique de Dieu, ou de la Vie de la très Sainte Vierge, Nancy 1727. 8.

2 Abregé de la Sainte Bible, par Demandes & par Reponfes, avec des Ecclairciffemens, par le R. P. Guerard, Paris 1712. 2 Vol. 8.

3 Ange (Nouvel.) Conducteur, ou la Journée du Chretien fanctifiée par la Priere & la Meditation, par le P. Deville, Liege 1740 12. en Cadres, broché.

4 Ange Conducteur dans la Devotion chretienne, par le R. P. Coret. Avec l'Office de la Sainte Vierge, les Vêpres & les Complies du Dimanche & des Fêtes, des Hymnes de toute l'Année, & l'Office des Morts, en Latin & en François, Nancy 1742. gr. 12.

5 Ange (l') conducteur dans la Devotion chretienne, Liege 18.

6 - - - idem, 12.

7 - - - idem, Brux. 1743. 16.

8 - - . idem, Liege, 8.

9 - - - idem, Brux. 1728. 8.

10 - - - Conducteur dans la Devotion Chretienne, reduite en pratique en faveur des Ames devotes, Liege, 12.

11 - - - idem, Brux. 1728. 12.

12 - - - (l') Conducteur dans la Devotion chretienne, reduite en pratique en faveur des Ames Devotes, Maftricht, 18.

13 Année affective, ou Sentimens fur l'Amour de Dieu: pour chaque Jour de l'Année, par le R. P. Avrillon, Paris 1736. 8.

14 - - - chretienne, contenant les Meffes des Dimanches, Fêtes & Feries de toute l'Année, en Latin & en François. Avec l'Explication des Epitres & des Evangiles, & un Abregé de la Vie des Saints dont on fait l'office, Paris 1741. 13 Vol. gr. 12.

II

15 An}

15 Année Dominicaine, ou Sentences pour tous les Jours
de l'Année ; Avec des Meditations & des Reflexions
sur les principales Vertus, Paris 1679. 4 Vol. gr. 12.

16 Augustin, (S.) Lettres. Avec des Notes sur les
Points d'Histoire de chronologie & autres qui peuvent avoir besoin d'ecclaircissement : par du Bois, Lille
1707. 6 Vol. gr. 12.

17 · · · · le Livre de l'Esprit & de la Lettre, par
du Bois, Paris 1700. gr. 12.

18 Avis & Exercices Spirituels, pour bien employer
les Jours, les Semaines, les Mois, & les Années de
la Vie, par le R. P. Suffren, Paris 1740. gr. 12.

19 Avis Salutaires aux Peres & aux Meres & à tous
ceux qui sont chargez de l'éducation de la Jeunesse,
Barleduc 1714. 8.

20 Bible, (la Sainte) traduite en François, le Latin
de la Vulgate à côté, avec des courtes Notes ; & la
Concorde des IV. Evangelistes, avec les Traitez de
Chronologie & de Geographie, les Sommaires des
Livres du V. & du N. Testament, & toutes les Ta-
bles tirées de la Grande Bible d'Ant. Vitré. Le tout
augmenté d'une Table très ample des Matieres. En
François & en Latin, Haye 1742. 3 Vol. fig. gr. fol.

21 Bible (la Ste) avec des notes Litterales tirées des Saints
Peres & des meilleures Interprêtes ; la Chronologie
sacrée, les Tables de Vitré, les Sommaires des Livres,
la Concorde des IV. Evangelistes, par Sacy. Nouv.
Ed. augmentée d'une Idée generale de l'Ecriture sainte, de diverses Régles pour l'expliquer ; & de quelques Livres Apocryphes, & autres Pieces., Anvers
1757. 2 Vol. fol.

22 Bible de Sacy du Port-Royal, avec les Commen-
taires, dern. Edit. Brux. 38 Vol. 12. compl.

23 · · · de Sacy avec de courtes notes, Brux. 1702.
11 Vol. 12.

24 Bona, Principes & Regles de la Vie chretienne,
Traduit par Cousin, 1676. 12.

25 Bonheur de l'Homme charitable, ou l'Aumone avec
ses avantages, enseignée par Demandes & par Repon.
ses, par le Pere L. Lipsin, Liege 1729. 2 Vol. 8.

26 Bossuet, Instruction Pastorale sur les Promesses de
Jesus Christ à son Eglise, Paris 1729. 2 Vol. 12. broché.

27 Bos-

27 Boſſuet, Ordonnance & Inſtruction paſtorale ſur les états d'Oraiſon, Paris 1697. 4.

28 Bouclier de la Pieté chretienne, tiré des quatre Maximes de l'Eternité, par le R. P. Cyprien, Anvers 1706. 8.

29 Breviaire Monaſtique en Latin & en François, Paris 1725. 4 Vol. 8. en Carton.

30 Cabinet (le petit) des Catholiques, orné de pluſieurs belles Oraiſons & Litanies, Liege, fig. 32.

31 Caractères des Saints pour tous les Jours de l'Année, par Durand, Rouen 1684. 2 Vol. 8, broché.

32 Careme Chretien, contenant les Meſſes des Fêtes du Carême, Paris 1682 2 Vol. 12. en Veau.

33 Catechiſme (le) ou Introduction au Symbole de la Foy, par le R. P. Grenade, traduit par Mr. Girard, Paris 1709. 4 Vol. gr. 8.

34 - - - - du Concile de Trente, Paris 1694. gr. 12.

35 - - - - de Bourges, par Chetardie, Lyon 1736. 4 Vol. gr. 12.

36 Chemin (le) du Ciel, Heures nouvelles & Pieres, de la Traduction de le Noble, Brux. 1742. 16. en Cadres.

37 Chretien charitable, par le R. P. Bonnefons, Lion 1680. gr. 12.

38 - - - dirigé dans les Exercices d'une Retraite Spirituelle, par le R. P. Martel. Lion 1729. 2 Vol. gr. 12.

39 - - - (le) fervent, ou Recueil de diverſes Prieres & Inſtructions, pour paſſer chrétiennement la Journée: tirées des R. R. P. P. Croiſet, Craſſet, Nepveu & Bouhours, Manh. 1750. gr. 8.

40 - - - (le Sage) ou les principes de la Vraie Sageſſe, par le Pere Abr. Royer, Brux. 1729. 12.

41 - - - ſanctifié par la Priere & la frequentations des Sacremens, ou petites Heures, Liege 1746. 12.

42 Cité de Dieu de St. Auguſtin, traduite en François, avec des Remarques, Paris 1737. 4 Vol. gr. 12.

43 Clef (la) du Paradis, contenant quelques Inſtructions & Prieres pour bien Mourir, par Vatier, Paris 1672. 12.

44 - - - de Saint Thomas ſur toute ſa Somme, par Marandé, Paris 1668. 10 Vol. gr. 12.

45 Com-

45 Combat Spirituel, traduit par le R. P. Jean Brig-
non, Paris 1736. gr. 24.

46. Concordance des Saints Peres de l'Eglise, Grecs
& Latins, par le R. P. Dom Bernard Maréchal, Paris 1739. 2 Vol. 4.

47 Condamnation (la) de St. Etienne, repreſentée en
Tableau en taille douce par Mr. Huret.

48 Conduite de la Confeſſion & de la Communion,
tirée des M. S. de St. François de Sales.   Avec une
Table très utile aux Confeſſions & aux Penitens,
Brux. 1700. 18.

49 - - - d'une Dame chretienne pour vivre fainte-
ment dans le Monde, Paris 1726. 12.

50 Cœur (le) Chretien formé fur le Cœur de Jeſus-
Chriſt, Paris 1722. gr. 8.

51 Confeſſions de St. Auguſtin avec des Notes, & de
nouv. Sommaires des Chapitres, par du Bois, Paris
1743. gr. 12.

52 - - - Catholique du Sieur de Sancy. 4.

53 Connoiſſance (de la) & de l'Amour du Fils de Dieu,
N. S. J. Chriſt; par Saint Jure VIII. Ed. Paris 1656.
fol. en Velin cordé.

54 Conſiderations fur la Paſſion de N. S. J. Chriſt,
pour tous les Jours du Carême, par le R. P. Gabr.
Heveneſi, & traduites par le R. P. Miel. Bruxell.
1742. 8.

55 - - - - fur l'Eternité, par Abelly, Bruxell.
1710. 12.

56 - - - - ou Meditations chretiennes fur les plus
importantes veritez de l'Evangile pour l'Entretien
de l'Ame, Brux. 1724. 12.

57 Converſion (la) de St. Paul, repreſentée en Tableau en taille douce Mr. Huret.

58 Craſſet, Douce & Sainte Mort. Nouv. Ed. Liege
1744. 12.

59 - - - Double preparation à la Mort.   N. Edit.
augmentée d'un Exercice de preparation à la Mort
pour tous les Jours de la Semaine, & des Prieres de
l'Eglise pour les Agoniſans, Liege, 12.

60 Craſſet, (R. P.) Conſiderations Chretiennes pour
tous les Jours de l'Année, avec les Evangiles de tous
les Dimanches, Lyon 1737. 4 Vol. 12.

61 Craſ-

61 Craſſet, la Devotion au Calvaine, Brux. 1702. fig. 8.
62 - - - idem, Nouv. Ed. Liege fig. 8.
63 - - - Maximes Chretiennes pour tous les Jours du Mois, Frybourg 1731. 12.
64 Croiſet, (R. P.) la Devotion au ſacré Cœur de N. S. Jeſus Chriſt. Avec la Bulle Unigenitus, l'Abregé de la vie de Sœur Marguerite Marie à Lacoque, & les offices de l'Egliſe pour cette même Devotion, de la divine Providence & de la divine Miſericorde, en Latin & en François, Lyon 1741. 2 Vol. 12.
65 - - - (R. P.) Exercices de Pieté pour tous les Jours, tous les Dimanches & les Fêtes mobiles, de l'Année, en Latin & en François; avec l'Explication du Myſtere, la Vie du Saint de chaque jour, & d'amples Reflexions ſur l'Epitre, & une Meditation ſur l'Evangile, & quelques Pratiques de Pieté propres à toutes ſortes de Perſonnes. Avec la Vie de N. P. Jeſus Chriſt, Lyon 1745-1751. 18 Vol. 12.
66 - - - Retraite ſpirituelle pour un Jour de chaque mois, Paris 1732. 2 Vol. 12. en Carton.
67 Devotion (la) des Predeſtinez, ou les Stations de Jeruſalem, & du Calvaire, pour ſervir d'Entretien ſur la Paſſion de N. S. J. Chriſt, par le R. P. Parvilliers, Liege 1737. fig. 8.
68 - - - idem, Nancy 1721. 12.
69 - - - idem, Namur, fig. 12. grand Caracteres.
70 - - - au Sacré Coeur de N. S. J. Chriſt, N. Ed. augmenté de pluſieurs Pratiques pieuſes, Liege 1699. 12.
71 - - - idem, avec l'Abregé de la Vie de la Soeur Marguerite Manè à la Coque, ibid. 1699. & 1700. 12.
72 Dialogues ſur l'Immortalité de l'Ame, l'Exiſtence de Dieu, la Providence, & la Religion, Paris 1684. 12.
73 idem, broché.
74 Direction pour la Conſcience des Perſonnes de tout Etat, qui veulent examiner par eux mêmes, à quoi ils doivent s'en tenir au ſujet de Diſputes des Chretiens ſur la Religion, par Mrs. Fenelon, Boſſuet &c. Haye 1754. 8.

75 Difcours fur les Vies des Saints de l'ancien Teftament, Paris 1732. 6 Vol. gr 12.
76 Differtation fur l'Honoraire des Meffes, 1757. 12.
77 Ecole du Divin Amour, établie dans le Sacré Cœur
de Jefus, ou le Chretien defabufé des fauffes maximes du Monde, Liege. 12.
78 Ecriture Sainte, eccleircie par des Faits, avec des
Reflexions Morales &c. ibid. 1710. 8.
79 Entretien de la Meffe, pour chaque Jour de la Semaine, à l'honneur de la Ste. Vierge, Brux. 1677. 8.
80 - - - avec Jefus Chrift dans le très Saint Sacrement de l'Autel ; contenants divers Exercices de
Pieté, par un Religieux Benedictin, Liege 1745. 8.
81 - - avec Jefus - Chrift dans le Saint Sacrament
de l'Autel, Touloufe 1717. gr. 12.
82 - - - Spirituels en forme de Prieres pour tous
les Jours de l'Avent, du Careme, & fur les Evangiles des Dimanches & des Myfteres de tou e l'Année, Brux. 1719 & 1720. 4 Vol. 12.
83 - - - Spirituels propres aux Ecclefiaftiques pour
les engager à travailler au Salut des Ames, Lyon
1721. 4 Vol. gr. 12.
84 Epitres (les) & Saints Evangiles, avec les oraifons
de l'Eglife qui fe difent à la Sainte Meffe fuivant
le Concile de Trente, N. Ed. Lyon 1680. 12.
85 - - - & Evangiles qui fe difent aux Meffes pendant l'Année, avés des Reflexions, Paris 1713. 12.
86 Efprit de l'Ecriture fainte ; avec des Reflexions par
Descoutures, Brux. 1686. 2 Vol. 12. broché.
87 - - - de Jefus Chrift & de l'Eglife fur la frequen-
te Communion, par le Pere J. Picheon, Liege
1747. 8.
88 - - - Idem, broché.
89 - - - de la Priere, contenant plufieurs Offices,
Litanies & autres Prieres & Exercices de Devotion,
Brux. 12.
90 Exercices (divers) de Devotion à Saint Antoine
de Padoüe. Avec une Methode de les Pratiquer,
& un Abregé de fa Vie & de fés Miracles, Nancy
1716. 8.
91 - - - idem, Leipz. 1743. fig 8.

92 Exer-

92 Exercices journaliers de Pieté à l'ufage de S. M.
l'Imp. & Reine d'Hongrie & de Boheme, Cologne
1757. 8.
93 - - - pieux d'un Chretien, pour le Matin, le
Soir, pour la Ste Meffe, pour la Confeffion & la
Communion; tirés des Pfeaumes de David, Munich
1748 8.
94 - - - Spirituel d'un Chretien pendant la Journée, felon S. Fr. Sales, Munft. 1731. 8. en chagrin noir.
95 - - - Spirituel, ou le Mondain excité par la
briéveté & par le Confeil de fon Directeur à la retraite de dix Jours; par un Religieux de l'Ordre de
St. François, Liege. 18.
96 - - - Spirituels, & pratique continuelle de l'Imitation de Jefus-Chrift, par le R. P. Adrien de Nancy, Luxemb. 1733. 8.
97 Explication, en Vérs du Cantique des Cantiques
de Salomon, avec des Notes, Paris 1717. gr. 12.
98 Fleur (la) des Prieres choifies, pour l'Entretien
de l'Ame avec Dieu durant la Journée, Bruxelle
1746. 8.
99 Fleuri, Catechifine hiftorique, contenant en Abregé l'Hiftoire fainte, & la Doctrine chretienne, Paris 1740.
100 Formulaire (nouv.) des Prieres Journalieres,
contenant l'Abregé des Mifteres de la Foi, & des
principaux Devoirs du Chretien, Liege. 18.
101 Foy de l'Eglife catholique touchant l'Euchariftie,
Brux. 1684. 12.
102 Godeau, Elevation & Affections à I. Chrift pour
toutes les heures de la Journée, Lyon 1686. 12.
broché.
103 - - - Oeuvres chretiennes, Paris 1635. 8. en
Velin.
104 - - - Paraphrafe fur les Epitres de St. Paul,
Rouen 1667. 4 Vol. 8. en Velin.
105 - - - idem fur les Epitres de St. Jaques, St.
Pierre, St. Jean & St. Jude, Rouen 1640. 8. en
Velin.
106 - - - idem, fur Tobie, 8. en Velin.

107 Go-

107 Godeau, Poëſies chrétiennes & morales, Paris 1663.
2 Tom. 12. en Veau.

108 - - - vie de l'Apotre St. Paul, Anvers 1653. 12.
en Veau.

109 - - - idem, en Velin.

110 - - - Homelies ſur les Dimanches & Fêtes de
l'Année, pour ſervir aux Curez de Formulaire d'Inſtructions qu'ils doivent faire au Peuple, Paris 1715.
2 Vol. gr. 12.

111 - - - Tableaux de la Penitence, Paris fig. 12.

112 Gregoire (S.) le Grand, Pape, Livre du Soin &
du Devoir des Paſteurs, Paris 1670. gr. 12.

113 Groſſez, Journal des Saints, ou Meditations pour
tous les Jours de l'Année, Brux. 1726. 3 Vol. fig. 8.

114 Heures dediées au Roi, Paris 1699. 24.

115 - - ou l'Exercice du Chretien, avec l'office de
la Ste. Vierge, les Vêpres, Hymnes & Proſes de l'Année, les Pſeaumes de la Penitence & autres Prieres de l'Egliſe, en Latin & en François, Lyon
1636. 18.

116 - - - Chretiennes ou Paradis de l'Ame, par
Horſtius, Paris 1723. 2 Vol. gr. 18.

117 - - - & Inſtructions chretiennes à l'uſage des
Troupes Imperiales, Olmuts 1753. 12.

118 - - - nouvelles, contenant l'Office de tous les
Dimanches & Feſtes de l'Année, François & Latin,
Paris 1745. gr. 12.

119 - - - ou les trois offices de la Ste. Vierge
ſuivant le Concile de Trente. Avec une Table des
offices, Prieres & oraiſons pour toute l'Année,
Lyon. 32.

120 - - - ou Prieres chretiennes, contenant tous les
Exercices ordinaires du Chretien, avec un Abregé
de notre Créance: par le R. P. J. Croiſet, Brux.
1730. 8.

121 - - - idem, Brux. 1730. fig. 8.

122 Hiſt. hoiſies de l'anc. & du N. Teſt. Par. 1722 gr. 12.

123 Hiſtoire Sainte ſelon l'ordre des Tems, pour ſervir
à l'édification des Perſonnes de Pieté, & pour l'Inſtruction de la Jeuneſſe, avec des courtes Notes,
Paris 1735. 2 Vol. gr. 12.

124 Hi-

124 Histoire du Culte & Pelerinage aux Reliques de la Ste Reine d'Alise, Avignon 1757. 12.

125 Homme (l') de Dieu, en la personne du R. P. Jean Jof. Seurin, par Boudon, Chartr. 1683. 8.

126 l'Homme d'Etat Chretien, tiré des vies de Moyfe & de Josué, Princes du Peuple de Dieu, par Marques, traduit par Virion, Nancy 1621. fol. en Velin.

127 Homme (l') Interieur, ou la Vie du P. Jean Chryfoftome, Paris 1684. gr. 8.

128 Imitation de Jefus Chrift: Traduite & paraphrafée en vers François, par P. Corneille, Brux. 1723. fig. 8.

129 Imitation de Jefus Chrift, avec une Pratique & une Priere à la fin de chaque Chapitre, par le R. P. de Gonnelieu, Brux. 1726. 12.

130 Imitation de Jefus Chrift. Avec les Prieres du Matin & du Soir, Liege 1746. 12.

131 Imitation (Suite de l') de Jefus-Chrift, ou les Opufcules de Thomas à Kempis, traduite du Latin par Bellegarde, Paris 1711. 12.

132 Imitation de Jefus Chrift, par l'Abbé Lenglet du Fresnoy: où precède l'Ordinaire de la Ste. Meffe, Paris 1737. fig. 12.

133 Incredule (l') detrompé, & le Chretien affermi dans la Foi par les Preuves de la Religion, expofées d'une maniere fenfible, par l'Abbé de Fontbriand, Paris 1752. 8.

134 Inftructions de S. Charles Boromée, Card. & Archévêque de Milan, aux Confeffeurs de fon Dioce-fe, François & Latin, 8.

135 - - - - idem, Namur & Liege 1736. 8.

136 - - - - chretiennes, par Arnauld d'Andilly, Paris 1674. 12.

137 - - - - pratiques & Prieres pour la Devotion au Sacré Coeur de Jefus, Paris 1739. 12.

138 - - - - Chretiennes fur les Myfteres de N. S. Jefus-Chrift & fur les principales Fêtes; Où font expliqués les Evangiles & Epitres des Dimanches de l'Année, par Mr. de Sin-Glin, Paris 1736. 12 Vol. gr. 12. bon Ouvrage & bien ecrit.

139 Inſtructions chretiennes ſur les Sacremens & ſur les Ceremonies avec lesquelles l'Egliſe les adminiſtre, Brux. 1686. gr. 12.

140 Inſtructions ſur le Dimanche & les Feſtes. Par Demandes & Reponſes. Ouvrage utile à toutes les Familles, Paris 1738.

141 Inſtructions Generales en forme de Catechiſme, par M. Ch. J. Colbert, Evêque de Montpellier, Paris 1702. 3 Tomes en Veau.

142 Inſtruction de la Jeuneſſe en la Pieté chretienne, par Ch. Gobinet. N. Ed. Liege 1736. 8.

143 Inſtruction Paſtorale touchant le Sacrement de Penitence, par le Card. Denhoff, Delf. 1698. 8.

144 Inſtruction Paſtorale du Card. de Rohan, ſur la Penitence & l'Euchariſtie, Strasb. 1748. 8.

145 Inſtructions, Pratiques & Prieres pour la Devotion du Sacré Cœur de Jeſus, Metz 1726. 18.

146 Inſtructions du Rituel du Diocefe d'Alet, Paris 1678. 8.

147 Jours Evangeliques, ou 366 Veritez, pour ſervir de ſujet de Meditation chaque Jour de l'Année, par l'Abbé J. B. Paris 1700. gr. 12.

148 Journée du Chretien, ou l'Ecolier Sanctifié dans ſes Etudes, par le P. Deville, Liege 1745. 12.

149 - - - du Chretien ſanctifiée par la Priere & la Meditation, par le R. P. Deville. Gros Caracteres, ibid. 1748. gr. 12.

150 - - - idem, ibid. 1746. gr. 18.

151 - - - idem, Strasb. 1729. 12.

152 - - - idem, Gros Caracteres, Liege 12.

153 Lamy, (R. P.) les ſaints Gemiſſemens de l'Ame ſur ſon éloignement de Dieu, Paris 1701. 12.

154 Lettres de St. Ambroife: Traduites en François par le P. Duranti de Bonrecueil, Paris 1741. 3 Vol. 12.

155 - - - choiſies de St. Cyprien aux Confeſſeurs & aux Martyrs, avec des Remarques hiſtoriq. & morales, Amſt. 1688. 8. en Veau.

156 - - - de l'Abbé de l'Isle, ſur les Miracles qui s'opérent par l'interceſſion de Mr. de Paris, Utrecht 1732. gr. 12.

157 Let-

157 Lettres fur divers Sujets de Morale & de Pieté, Paris 1736. 3 Part. 12.

158 - - - fur divers Sujets de Pieté, de Morale, & de conduite pour la Vie chretienne, par Mr. de Sainte Marthe, Rouen 1709. 2 Vol. gr. 12.

159 Maniere d'Entendre la Sainte Meſſe ſelon l'Eſprit & l'Intention de l'Egliſe. Avec des Pratiques de Pieté pour honorer le très ſaint Sacrement, Brux. 1721. 12.

160 - - - de remplir ſaintement les Devoirs de la Vie chretienne & religieuſe, Paris 1691. gr. 12.

161 Manuel du Chretien, contenant le Livre des Pſeaumes, le Nouveau Teſtament, & l'Imitation de J. Chriſt, avec l'Ordinaire de la Meſſe, Cologne 1742. 18.

162 Matyre de la Fidelité, par d'Intras de Baſaz, Paris 1623. 12. broché.

163 Matyre de St. Lambert, repreſenté en Tableau en taille douce.

164 Meditations ſur des Paſſages choiſis de l'Ecriture Sainte pour tous les Jours de l'Année, par le P. Segneri, Paris 1737. 5 Vol. 12.

165 - - - - ſur les Veritez Chretiennes & Eccleſiaſtiques, pour tous les Jours & principales Fêtes de l'Année, 1635. 5 Vol. 12.

166 Meditations ſur les Evangiles de l'Année, par le R. P. Medaille, Tulle 1750. gr. 24.

167 Meditations ſur les principales Veritez de la Religion Chretienne, avec des Conſiderations & courte Reſolution pour tous les Jours du Mois, Avign. 1725. gr. 12.

168 Meditations ſur les plus importantes Matieres du Salut, très propres à reformer les abus du Chriſtianiſme de ce Tems, par le R. P. Jules: Beſançon 1732. 12.

169 - - - - ſur les principaux Devoirs des Eccleſiaſtiques, enrichies à la fin de chaque Point, de paſſages choiſis de l'Ecriture Sainte, des Conciles & des S. S. Peres, par Mr. Math. Beuvelet, Prêtre, Paris 1703. 8.

][ ][2   170 Me-

170 Meditations pour tous les Jours de l'Année, par
un Religieux Benédictin, Paris 1737. gr. 4.

171 - - - - ou Exclamations de S. Therese après
la Sainte Communion, Brux 1692. gr. 24.

172 Methode facile pour faire la Meditation avec fruit,
Liege 1745. 12.

173 Miffel Romain, felon le reglement du concile de
Trente, Latin & François.   Sainte Manehoul
1737. 8.

174 Miffel Romain, Latin & François, Paris 1722.
4 Vol. 12.

175 Mort des Juftes, pour fervir de Modele à ceux
qui veulent apprendre à bien mourir, par le R. P.
l'Allemant, Lion 1698. gr. 12.

176 Nouveau Teftament avec des courtes Notes, par
Sacy, Brux. 1725. 2 Vol. gr. 12.

177 - - - Teftament de N. S. J. C. traduit fur l'an-
cienne Ed. Latine. Avec des Remarques litterales
& critiques fur les principales difficultez, par R.
Simon, Trevoux 1702. 4 Vol. 8.

178 - - - fpirituelles & devotes, de St. Louis de
Grenade, Paris 1602. fol. en Velin cordé.

179 - - - fpirituelles du R. P. Lallemant, qui con-
tient le Teftament Spirituel, & les faints Defirs de
la Mort, Paris 1710. 2 Vol. 8.

180 Office de la Semaine Sainte, en François & en
latin : Avec des Reflexions & Inftructions; l'Explication des Ceremonies; des Prieres pour la Confeffion & la Communion; l'Entretien pendant la
Meffe, & les Sept. Pfeaumes, Paris 1741. fig. 8.

181 Office (petit) des trois Rois, avec l'Arrêt de Mort,
& les Lettres de Grace par l'Archévêque de Cologne, & fon Cenfeur, Cologne 1751. 24.

182 - - - de la Sainte Vierge pour tous les Jours de
la Semaine : Avec l'Oraifon de trente Jours, Nancy
1718. 8.

183 - - - de la Semaine Sainte. L'Ordinaire de la
Meffe, les Sept Pfeaumes de la Penitence, les Litanies des Saints, & des Prieres pour la Confeffion
& la Communion, Paris 1743. gr. 18.

184 Office, idem, auquel a été ajouté tout ce qui se dit jusques à Quasimodo, Lion 1733. gr. 24.

185 - - - de la Semaine Sainte, en Latin & en françois; & les Sept Pseaumes de la Penitence, Litanies des Saints, & des Prieres pour la Confession & Communion, Paris 1742. gr. 12.

186 - - - de la Sainte Vierge, avec des Instructions pour passer chretiennement la Journée. Liege 12.

187 - - - de la Sainte Vierge, par les trois Tems de l'Année; avec l'office des Morts, les Sept Pseaumes, Litanies & Prieres, ibid. 1740. 8.

188 - - - (le grand) de la très sainte Vierge Marie, Prague 1729. 12.

189 Ordinaire de la Ste. Messe 8.

190 Palmier celeste, ou Heures de l'Eglise, enrichies des Exercices chretiennes, Offices, Litanies, Prieres & Meditations, par le R. P. Nacatene, Liege 1740. 8.

190* - - - idem, Cologne 1741. 8.

191 - - - idem, ibid. 1729. 18.

192 - - - idem, ibid. 1749. 12.

193 Pelerinage de deux Soeurs, Colombelle & Volontariette, vers leur Bien aimé dans la Cité de Jerusalem, par Boetius à Bolswerth, Lille, fig. 12.

194 Pensées ou Reflexions chretiennes pour tous les Jours de l'Année, par le R.P. Nepveu, Lyon 1748. 4 Vol. gr. 12.

195 Pensées chretiennes pour tous les Jours du Mois, par le Pere Venage, Paris 1714. 18.

196 Poësies sur l'Ecriture sainte & sur plusieurs autres sujets de Pieté, Lyon 8.

197 Pratiques chretiennes dans les Actions ordinaires de la Vie, par le P. Pierre Joseph d'Orleans, Rouen 12.

198 Pratique des Ceremonies de la Ste Messe, avec les Vêpres, Matines & Laudes, Par du Moulin, Chanoine & Vicaire general d'Arles, Brux. 12.

199 Pratique de la Devotion au très Saint Sacrement, par le P. Hugues Marot. S. J. Vienne 1755. 8.

200 Pratique de Pieté à l'honneur de St. François Xavier. Nouv. Edit. augmentée de la Devotion

de dix Vendredis à l'honneur de cet Apotre, Brux. 1732. 8.

201 Pratiques de Pieté, ou Entretiens pour tous les Jours de l'Année, Liege 1681. 2 Vol. 12.

202 - - - de la Perfection chretienne, du R. P. Rodriguez, Traduction nouvelle par l'Abbé Regn. Desmarais, Paris 1688. 4. 3 Vol. en Veau.

203 - - - de la Sanctification chretienne, ou Direction Spirituelle pour conduire les Ames dans les Voïes du Salut. Liege 1744. 8.

204 - - - de la vraye Theologie myſtique, contenue dans quelques Traités de Malaval, de Bernieres, & de Ste Thereſe, Liege 1709. 2 Vol. 8.

205 Prieres tirées de l'Ecriture Sainte & de l'Office de l'Egliſe, Paris 1702. gr. 18.

206 - - - qui ſe diſent au Matin & au Soir dans les Familles chretiennes, Liege 18.

207 - - - & Meditations choiſies, avec quelques Poëſies Chretiennes, par Chevreau, Haye 1715. 18.

208 - - - & Inſtructions chretiennes, N. Ed. augmentée de l'Exercice pour la Meſſe, des Meditations, les Vêpres, Complies, Hymnes & Antiennes du Dimanche & autres Fétes de l'année, par le R. P. Sanadon, Lyon 1756. 12.

209 - - - & Pratiques de Pieté pour les principales Fétes de l'Anné, Barled. 1713. 12.

210 Pſeaumes d'Antoine, Roi de Portugal, Paris 1701. 12.

211 - - - idem, Haye 1691. 12.

212 - - - de David & les Cantiques de l'Egliſe, traduits en François ſelon la Vulgate; Avec des Courtes Notes, & un Abregé de la Vie de David, Brux. 1700. gr. 12.

213 - - - de David, en Latin & en François. Imprimez par ordre de l'Evêque de Metz, Metz 1711. 8.

213* - - - (les Livres des) & des Cantiques du V. & du N. Teſtament, en Latin & François, par de Marolles, Paris 1666. 12.

214 Pſeautier de la Sainte Vierge pour toute la Semaine,

ne, par St. Bonaventure, traduit par le R. P. Chi-
flet, Brux. 1701. fig. 8.

215 Pſeautier de la Sainte Vierge, par St. Bonaventure, Liege. fig. 18.

216 Recueil curieux d'un grand nombre d'Actions fort
édifiantes des Saints & d'autres Perſonnes diſtin-
guées, par Bertrand Moreau, Liege 1696. 4. en
Veau.

217 - - - des Conferences Eccleſiaſtiques de Pieté
& de Doctrine, Beſançon 1741. 2 Vol. gr. 12.

218 Reflexions chretiennes ſur les converſations du
Monde, Brux. 1698. gr. 18.

219 - - - morales & chretiennes tirées des Epitres
de S. Paul, par Hommez, Latin, François & Italien, Padoue 1723. 12.

220 - - - morales ſur le Jubilé, avec les Prieres de l'Egliſe pour ce Saint Tems, Liege 8.
broché.

221 - - - ſur Jeſus Chriſt mourant, pour ſe pre-
parer à une mort chretienne, par le R. P. Tribo-
let, Brux. 1730. 8.

222 Regles du Chretien, ou les Maximes Evangeliques, pour tous les Jours du Mois, Lyon 1725.
gr. 12.

223 Regle du Tiers Ordre de la Penitence, traduit
par le R. P. Fraſſen, Paris 1725. 12. broché.

224 Riche charitable, ou Obligations des Riches à aſ-
ſiſter les Pauvres, par le R. P. Quarre, Brux. 1653.
8. en Velin.

225 Sainteté du Carême & du Gemiſſement interieur,
Nancy 1722. 18.

226 Sentimens d'une ame Penitente ſur le Pſeaume Mi-
ſere: par Madame D***. 1754. 8.

227 - - - de Pieté; par le P. Cheminais, Brux. 12.

228 Soliloques (les) de St. Auguſtin, Lyon 1647. 24.

229 Souffrances (les) de N. S. Jeſus Chriſt par le R.
P. Thomas, & traduit de l'Eſpagnol par le R. P. Al-
leaume, Brux. 1738. 2 Vol. 8.

230 Tableaux chretiens, ou Sonnets ſur l'Evangile,
Paris 1685. 12.

231 Te-

231 Testament ou Conseils fidelles d'un bon Pere à
ses Enfans, par P. Fortin, Sr. de la Moguette,
Lyon 1659. 12.

232 - - - - Spirituel : ou Priere à Dieu pour bien
mourir, par le R. P. Lallemant, Lyon 1700. 12.

233 Theatre de la Passion de N. S. Jesus Christ, re-
presentée en 32 Tableaux en taille douce, gravées
par le fameux Gregoire Huret, Paris. in plano.

234 Sheodoret, de la Providence & de la Charité,
avec des Sommaires par faciliter l'intelligence, par
Mr. l'Abbé le Mere, Paris 1740. gr. 8.

235 Traité sur la Priere publique : & sur les Dispositions pour offrir les Saints Mysteres, & y participer
avec fruit, Paris 1734. gr. 12.

236 Traités de Tertullien sur l'Ornement des Femmes,
les Spectacles, le Bateme, & la Patience, Paris
1733. gr. 12.

237 Tresor immense de l'Archi-Confrerie, des Cein-
tures de Cuir noir, sous l'Invocation de la Sainte
Vierge de Consolation, Sainte Monique, St. Augustin & S. Nicolas de Tolentin, Colmar 1734. 12.

238 Vêpres du Dimanche, traduit du P. Lallemant,
Latin & François. gr. 12.

239 Vie Chretienne, où l'on donne des regles pour
faire ses actions & remplir ses devoirs en Chretien,
& pour passer saintement les Festes, par Mr. Rol-
lin, Lyon 1753. 18.

240 Vie (Histoire de la) de Jesus Christ, par Mr. le
Tourneux, Brux. 1717. 12.

241 - - - de S. Ignace, par le P. Bouhours, Liege
1680. 8. broché

242 - - - (la) de Saint Ignace, Lyon 1692. 2 Vol. 12.

243 - - - des Saint Peres des Deserts & de quelques Saintes, par Arnauld d'Andilly, Paris 1737.
5 Vol. 12.

244 - - - des Saints pour tous les Jours de l'Année:
Avec des Reflexions chretiennes sur la Vie de Jesus Christ; disposées pour tous les Dimanches &
les Festes de l'Année, Paris 1684. fol. en Veau.

245 Vies des Saints du tiers Ordre de St. François d'Af-
sisse, par le P. Jac. Arbaleste, Lyon 1669. 8.

246 Vie

246 Vie de Sainte Therese, en vers François & Latin,
Lyon 1670. 8.
247 Vie de Sainte Therese, par l'Abbé Chenut, Paris 1691. 8. broché.
248 Voyage de Colombelle & Volontairette vers leur
Bien Aimé en la Cité de Jerusalem, par Boëce de
Bolswert, Liege 1734. fig. 8. broché.
249 Voyageur (le Chretien) qui court avec un zèle
ardent à la celeste Patrie. Recueillies par l'Abbé
Ant. And. de Krzesimowsky, Augsb. 1753. 8.

Livres Jansenistes.

250 Bible (la Ste.) Traduite sur les Textes Origi-
naux, avec les differences de la Vulgate, Cologne 1739. 12.
251 Bible Nouv. Testament de Mons, Mons 1699.
avec fig. 2 Vol. gr. 12.
252 . . . idem, du P. Quesnel, Amst. 1728. 8 Vol.
gr. 12.
253 Montgeron, la Verité des Miracles de Mr. de Paris, Cologne 1739. fig. 4.

Livres Protestans.

254 Abregé du veritable Christianisme, ou Recueil
des Maximes chretiennes, par Abbadie, Amst.
1660. 12. en Velin.
255 Abregé du Traité de la Paix de l'Ame & du Con-
tentement de l'Esprit, par du Moulin le fils, Amst.
1755. 8.
256 Allix, (P.) Bonnes & Saintes Pensées pour tous
les Jours du Mois, avec les Maximes du Vrai Chretien, Amst. 1687. gr. 18.
257 Bible, (la Sainte) Avec des Indices necessaires
pour l'Instruction du Lecteur, par les Pasteurs &
Professeurs de l'Eglise de Geneve. A cette Edition
se trouvent joints les Pseaumes de David, Amst. 1729.
gr. fol.
258 Bible (la Sainte) avec les Pseaumes, Berlin
1749. 4.

X X X　　　　259 Bi

259 Bible, (la Sainte) par Mr. Baſnage, Amſt. 1727. 2 Vol. gr. 4.

260 - - - (la Sainte) avec un Commentaire Litteral compoſé des notes choiſies & tirées de divers Auteurs Anglois, Haye 1742. & ſeq. 4.

261 - - - (la Sainte) avec les nouveaux Argumens & les nouv. Reflexions ſur chaque Chapitre, par J. F. Oſterwald, Amſt. 1724. gr. fol.

262 - - - avec des Paralleles & des Sommaires, par D. Martin, Altona 1739. 8.

263 - - - V. & N. Teſtament avec les Pſeaumes tout Muſique, Haye 1731. 12.

264 Bonnes & ſaintes Penſées pour tous les Jours du Mois : N. Ed. augmentée de Maximes chretiennes, Politiq. & Morales, Amſt. 1714. 12.

265 Burnet, Traité de la Foy & des Devoirs des Chretiens, Amſt. 1729. gr. 12.

266 Cantiques ſacrez pour les principales Solennitez des Chretiens, & ſur divers autres Sujets, tout en Muſique, Caſſel 1740. 8.

267 Catechiſme pour l'Inſtruction de la Jeuneſſe, par Dan. de Superville, Amſt. 1728. 8.

268 - - - (Nouvel Abregé du) pour l'Inſtruction de la Jeuneſſe, Haye 1706. 12.

269 Chaine d'Or, pour enlever les Ames de la Terre au Ciel. Ou Conſiderations importantes ſur les IV. fins de l'Homme, par Stevens, Caſſel 1748. gr. 12.

270 Clarke, Explication du Catechiſme de l'Egliſe Anglicane, Amſt. 1737. 8.

271 Combat Chretirn, ou Traité des Afflictions publiques & particulieres, par du Moulin, Londres 1711. gr. 12.

272 Commencemens & Progrès de la vraie Pieté, Avec des Meditations ou des Prieres, par Doddridge, traduit par Vernede, Basle 1752. 8.

273 Drelincourt, Catechiſme, oü Inſtruction familiere ſur les principaux Points de la Religion chretienne, Amſt. 1730. 8.

274 Diſcipline eccleſiaſtique des Egliſes reformées de France, avec les Obſervations des Synodes Nationaux;

naux ; & la conformité de la dite Diſcipline avec celle des anciens Chretiens, Amſt. 1710. 4.

275 Diſcours ſur l'Amour Divin, par Coſte, Amſt.
1715. 12.

276 Elemens du Chriſtianiſme, ou abregé des veritez
& des Devoirs de la Religion chretienne, par Superville. Amſt. 1737. 8.

277 Emmanuel ou Paraphraſe Evangelique ; Poëme
chretien, par Ph. le Noir, Amſt. 1729. 8.

278 Epitres & Evangiles qui ſe liſent dans l'Egliſe
pendant toute l'Année, par Rühlen; interpretées
en Allemand, Braunſw. 1736. 8.

279 Eſſai de Theologie pratique, ou Traité de la Vie
Spirituelle & de ſes Caracteres, de Vitringa, traduit, par de Limiers, Amſt 1721. 8.

280 Exercice (de l') du Miniſtére Sacré, par Mr. d'O-
ſterwald, Amſt. 1737. 2 Vol. 8.

281 Formulaire de Prieres dont ſe ſervoit Guillau-
me III. participant au Sacrement de la Cene, par J.
Moere, Amſt. 1704. 12.

282 Heures chretiennes ou Occupations ſaintes, contenant les Cantiques ſpirituels; les Pſeaumes, le
Catechiſme de Luther, les III. Symboles oecume-
niques; la Confeſſion d'Augshourg; & la Liturgie
de l'Egliſe proteſtante qui eſt à Francfort, avec un
Recueil de Prieres Devotes, Francf. 1740. 8.

283 Hiſtoires les plus remarquables de l'Anc. & du
Nouv. Teſtament: Gravées en Cuivre par le cele
bre Jean Luyken, & enrichie d'une ſavante Deſcri-
ption, Amſt. 1732. fig. fol.

284 - - - du Patriarche Joſeph, miſe en Vers he-
roiques, Leide 1738. gr. 8.

285 Innocence du Catechiſme de Heidelberg; où l'on
a joint des Diſcours ſur les Catechiſmes, ſur les
Formulaires, & ſur les Confeſſions de Foi, par
Lenfant, Amſt. 1723. 8.

286 Leçons chretiennes d'un Pere à ſes Enfans, par
Olivier, Haye 1707. 8.

287 Lettres à une Demoiſelle Catholique ſur la neceſſité d'examiner la Religion, par Des Voeux, Haye
1734. 8.

288 Livre de Job, par Schultens, traduit par Jon-
court, Sacrelaire & Allemand, Leide 1748. 4.
broché.

289 - - - de Job, avec des Notes Littrales, par
Theod. Crinſoz, Rott. 1729. gr. 4.

290 Lucas, Perfection du Chretien, Utr. 1740. 8.

291 Moyen de plaire à Dieu ſous l'Evangile, par
Hoadley; Traduit par Ricotier, Amſterd. 1720.
2 Vol. 8.

292 Nouveau Teſtament, ſelon les Verſions de Geneve & de Marr. Luther. François - Allemand, Berlin 1742. 8.

293 - - - Teſtament, Haye 1664. gr. 12.

294 - - - Teſtament, de Charenton. gr. 12.

295 - - - Teſtament & Pſeaumes, tout muſique,
Amſt. 1684. 8. en Veau.

296 - - - idem, en chagrin noir.

297 - - - idem, Haye 1731. 12. en Veau.

298 - - - Teſtament & Pſeaumes par Verſ. Muſ.
Chareton, 1648. 12.

299 - - - idem, Charenton 1662. 12.

300 - - - idem, & Pſeaumes tout Muſique, Amſt.
1682. 12.

301 - - - idem, Amſt. 1700. 12.

302 - - - (le) Teſtament, par Martin, avec les Pſeaumes de David, mis en vers François, approuvez
par le Synode Wallon des Prov. Unies. Tous en
muſique; avec la Proſe à côté & les argmens ſur
chaque chapitre, avec quinze Cantiques, Utrecht
1731. 2 Vol. 4.

303 - - - Teſtament, avec des Notes litterales par
Lenfant, Amſt. 1736. 2 Vol. 4. en Veau.

304 - - - Teſtament, par de Beauſobre & Lenfant,
Franç - Allem, Basle 1746. 8.

305 Occupations Saintes, contenant les Cantiques Spirituels, & les Pſeaumes qu'on chante dan les Egliſes Lutheriennes, avec le Catechiſme & la Liturgie. 8.

306 Oeuvres Spirituelles, contenant diverſes Poëſies
chretiennes, compoſées dans les horreurs de la Ba-
ſtille de Paris, par Renneville, Haye 1725. 8.

307 Pi-

307 Pictet, la Theologie chretienne, & la Science du Salut, Geneve 1721. 3 Vol. 4.
308 Pratique de de Pieté; par Bayle; Traduit de l'Anglois par Verneulh, Charenton 1667 12.
309 - - - de l'Humilité, par de la Mothe, Amst. 1710. gr. 12.
310 Pratique des Vertus chretiennes, ou tous les Devoirs des Hommes. Avec les Devotions particulieres. Livre necessaire dans chaque famille, Lauf. 1717. 8.
311 Preservatif (Suite du) contre le Changement de Religion, par Brueys, Haye 1683. 12.
312 Pseaumes de David, Premier Verset Musique, Amst. 1730. gr. 4.
313 - - - idem, tout Musique, Amsterd. 1708. gr. 18.
314 - - - idem, de Marot & Beze, tout Musique, Amst. gr. 18.
315 - - - idem, I. Verset Musique par M. V. Conrart, Quevilly, 1680. gr. 24.
316 - - - idem, David I. Verset Musique, Amst. 1708. gr. 32.
317 - - - idem, Geneve 1711. gr. 24.
318 - - - idem, de Marot & Beze, I. Vers Musique, Charenton, gr. 32.
319 Pseaumes de David, en Vers François, revus par le Synode des Prov. unies, tout Musique, Amst. 1730. gr. 12.
320 - - - idem, tout Musique, Haye 1731. gr. 12.
321 - - - idem, Berlin 1730. gr. 12.
322 - - - idem, Amst. 1738. gr. 12.
323 - - - idem, Prem. Vers. Musique, Amst. 1736. gr. 12.
324 Pseaumes de David en Vers François, revus par le Synode des Prov. Unies, tout Musique, Haye 1729. gr. 12.
325 - - - de David, I. Vers. Mus. Berlin 1701. 12.
362 - - - de David, mis en François par les Pasteurs de Geneve, Charenton 1659. gr. 12.
327 - - - (le Livre des) Nouv. Version, Amst. 1692. gr. 12.

328 Pfeaumes (Effai d'une nouvelle Traduction des)
en Vers, avec quelques Cantiques, par Terond,
Haye 1721. gr. 12.

329 - - - de David, approuvés par le Synode Wal-
ton des Prov. Unies. Pr. Verf. Mufique, Amft.
1730. 32.

330 - - - Tous en Mufique avec la Profe à côté,
& les Argumens fur chaque Pfeaume. Avec XV.
Cantiques que l'on peut chanter en Famille, Leide
1731. 4.

331 - - - de David, premier Vers. Mufiq. Berlin
1701. 12.

332 Recueil de plufieurs Preparations pour la S. Cene;
faites par divers Auteurs, Amft. 1686. 12.

333 Reflexions importantes pour arriver à la Felicité de la Vie à Venir, par J. Shouer, Rott.
1738. 8.

334 - - - - pieufes, infpirées dans la Baftille à
Sam. Gringalet fur ces IV. Queftions, qui fuis-je?
Ou fuis-je? Qui m'y à mis? & Pourquoi? Haye
1725. 8.

335 Relation du Martyre de Mr. P. Durand, 1732.
gr. 4.

336 Sermon fur Job, Chap. XXXIV. Vers: 30. prêché en prefence d'une Societé de Jurisconfultes: avec
le Supplement, par un Laïque, Haye 1734. 12.

337 Traité de la Repentance tardive, par Bernard,
Haye 1741. 8. broché.

338 Traité de la Devotion, par Jurieu, Haye 1726.
gr. 12.

339 Traité de l'Amour divin, par Jurieu, Rott. 1700.
2 Vol. 12. en Veau,

340 Voyage de Beth-El; Avec des Prieres & des Meditations, par Foquembergues, Charent. 24.

341 Voyage de Bethel, avec les Prieres & Meditations.
pour participer dignement à la Sainte Cene. 12.